O GOSTO DA GUERRA

Coleção Jornalismo Literário — Coordenação de Matinas Suzuki Jr.

41 inícios falsos, Janet Malcolm
A sangue frio, Truman Capote
Anatomia de um julgamento, Janet Malcolm
A árvore de Gernika, G. L. Steer
Berlim, Joseph Roth
Chico Mendes: Crime e castigo, Zuenir Ventura
Dentro da floresta, David Remnick
Elogiemos os homens ilustres, James Rufus Agee e Walker Evans
Esqueleto na lagoa verde, Antonio Callado
Fama e anonimato, Gay Talese
A feijoada que derrubou o governo, Joel Silveira
Filme, Lillian Ross
O gosto da guerra, José Hamilton Ribeiro
Hiroshima, John Hersey
Homenagem à Catalunha, George Orwell
Honra teu pai, Gay Talese
O imperador, Ryszard Kapuściński
O livro das vidas, org. Matinas Suzuki Jr.
O livro dos insultos de H. L. Mencken, seleção, tradução e posfácio de Ruy Castro
A milésima segunda noite da avenida Paulista, Joel Silveira
A mulher do próximo, Gay Talese
Na pior em Paris e Londres, George Orwell
Operação Massacre, Rodolfo Walsh
Paralelo 10, Eliza Griswold
Radical Chique e o Novo Jornalismo, Tom Wolfe
O reino e o poder, Gay Talese
O segredo de Joe Gould, Joseph Mitchell
Stasilândia, Anna Funder
O super-homem vai ao supermercado, Norman Mailer
Tempos instáveis, org. Fernando de Barros e Silva
A vida como performance, Kenneth Tynan
Vida de escritor, Gay Talese
A vida secreta da guerra, Peter Beaumont
O voyeur, Gay Talese
Vultos da República, org. Humberto Werneck
O xá dos xás, Ryszard Kapuściński

JOSÉ HAMILTON RIBEIRO

O gosto da guerra
E outras reportagens da Realidade

Edição revista e ampliada

Posfácio
Patrícia Campos Mello

Copyright © 2024 by José Hamilton Ribeiro

Grafia atualizada segundo o Acordo Ortográfico da Língua Portuguesa de 1990, que entrou em vigor no Brasil em 2009.

Todos os esforços foram feitos para reconhecer os direitos autorais das imagens. A editora agradece qualquer informação relativa à autoria, titularidade e/ou outros dados, se comprometendo a incluí-los em edições futuras.

Capa
Alceu Chiesorin Nunes

Mapa (p. 45)
Sonia Vaz

Checagem
Érico Melo

Revisão
Angela das Neves
Ana Maria Barbosa

Dados Internacionais de Catalogação na Publicação (CIP)
(Câmara Brasileira do Livro, SP, Brasil)

Ribeiro, José Hamilton
    O gosto da guerra : E outras reportagens da *Realidade* / José Hamilton Ribeiro ; posfácio Patrícia Campos Mello. — 1ª ed. — São Paulo : Companhia das Letras, 2024.

    ISBN 978-65-5921-544-7

    1. Repórteres e reportagens 2. Vietnã, Guerra do, 1961-75 – Jornalismo militar 3. Jornalismo literário I. Mello, Patrícia Campos. II. Título. III. Série.

24-198680   CDD-070.4333

Índice para catálogo sistemático:
1. Guerras : Repórteres e reportagens : Jornalismo   070.4333

Cibele Maria Dias – Bibliotecária – CRB-8/9427

Todos os direitos desta edição reservados à
EDITORA SCHWARCZ S.A.
Rua Bandeira Paulista, 702, cj. 32
04532-002 — São Paulo — SP
Telefone: (11) 3707-3500
www.companhiadasletras.com.br
www.blogdacompanhia.com.br
facebook.com/companhiadasletras
instagram.com/companhiadasletras
twitter.com/cialetras

Sumário

Sobre esta edição 7

8 de março — Um milagre para salvar Ngá 15
18 de março — Um jogo no inferno 32
20 de março — A mina na Estrada sem Alegria 47
21 de março — Era um *vici*, com certeza 63
22 de março — A caminho de Nha Trang 73
23 de março — Um salão de horror 76
24 de março — O começo do pesadelo 81
25 de março — Só a morte os paralisa 93
26 de março — À espera de um milagre 98
27 de março — As velhinhas silenciosas 104
28 de março — Por que eu? 107
29 de março — As mulheres da guerra 116
30 de março — Ela era um capitão 124
31 de março — Uma grande notícia 127
1º de abril — Tudo volta atrás? 130
2 de abril — Medo, uma doença grave 132

3 de abril — Enfim, a frase sonhada 135
4 de abril — Adeus, capitã Mary 138
5 de abril — Era o Japão? 140
Maio, um dia qualquer 141
2005 — Guerra é ruim, mas sem repórter é pior 142
Epílogo — Minha guerra é melhor do que a sua 145

OUTRAS REPORTAGENS DA *REALIDADE*
Com vocês, a Hebe 153
Coronel não morre 173
Uma vida por um rim 193
Já existe a escola de amanhã 215
Eu fui um simples operário 233

Posfácio — Guerra sem jornalista é pior
Patrícia Campos Mello 251

Sobre esta edição

Originalmente publicada no nº 26 da revista mensal *Realidade* ("Eu estive na guerra", maio de 1968), a premiada reportagem de José Hamilton Ribeiro saiu em livro no ano seguinte, pela editora Brasiliense. Em 1972, ganhou nova edição do Jornalivro, que publicava obras integrais em formato tabloide vendidas em bancas. Em 2005, recebeu uma reedição dentro da coleção Jornalismo de Guerra, da editora Objetiva, coordenada pelos jornalistas Leão Serva e Sérgio Dávila, que tiveram experiências como correspondentes de guerra.

A esta edição revista e ampliada foram acrescentados trechos da reportagem "A guerra é assim", publicada no nº 27 de *Realidade* (junho de 1968), deixando ainda mais completo e informativo o relato de José Hamilton Ribeiro sobre sua experiência no Vietnã. Todas as notas de rodapé de contextualização são do editor, com exceção das notas originais do autor, assinaladas com N. A.

Na segunda seção deste volume, o leitor encontrará ainda uma pequena amostra do melhor das reportagens de José Hamilton Ribeiro para a *Realidade*.

A GUERRA DO FOTOJORNALISMO
O conflito no Vietnã ficou marcado pela excelência da cobertura jornalística e da reportagem fotográfica.

pp. 8-9   Saigon, 11 de junho de 1963: O monge Thích Quang Duc, em frente a seus companheiros budistas, autoimola-se jogando gasolina e ateando fogo no próprio corpo, em protesto contra a falta de liberdade religiosa no Vietnã do Sul. Ele não sobreviveu. A foto foi tirada pelo jornalista Malcolm Browne, chefe da sucursal da Associated Press (AP) em Saigon, e ganhou os prêmios Pulitzer e World Press. AP Photo/ Imageplus.

pp. 10-1   Saigon, 1º de fevereiro de 1968: O general Nguyen Ngoc Loan, chefe de polícia do Vietnã do Sul, alveja na cabeça o capitão vietcongue Guyen Van Lem, nas ruas da então capital sul-vietnamita. A foto, tirada pelo fotógrafo americano Eddie Adams, da AP, ganhou os prêmios Pulitzer e World Press. AP Photo/ Imageplus.

pp. 12-3   8 de junho de 1972: A garota Phan Thi Kim Phúc, de 9 anos, foge apavorada de um ataque de Napalm na vila de Trang Bang, no então Vietnã do Sul. Ela gritava "está queimando, está queimando". A foto foi tirada pelo fotógrafo vietnamita-americano Nick Ut, da AP, e ganhou os prêmios Pulitzer e World Press. AP Photos/ Imageplus.

8 DE MARÇO
Um milagre para salvar Ngá

Em Go Vap, subúrbio a trinta quilômetros de Saigon,[1] fica o quartel-general do Exército sul-vietnamita. Mas não é por isso que vou passar o dia em Go Vap. Um padre brasileiro — padre Generoso Bogo — dirige ali uma escola técnica para meninos: está há quinze anos no Vietnã e quero falar com ele. O padre Generoso trabalhava em Hanói,[2] mas em 1954, quando Ho Chi Minh[3]

---

1. Capital da República do Vietnã, na época mais conhecida como Vietnã do Sul. Atualmente se chama Ho Chi Minh, em homenagem ao líder vietnamita (ver nota 3).
2. Capital da República Democrática do Vietnã, conhecida à época como Vietnã do Norte. O Sul e o Norte do Vietnã foram separados pelo Paralelo 17 nos chamados Acordos de Genebra, que em 1954 oficializaram o fim do domínio francês no país.
3. Nascido Nguyen Sinh Cung, foi uma das grandes lideranças políticas do século xx. Na sua juventude, exilou-se na França, onde esteve entre os fundadores do Partido Comunista Francês; em 1930, ainda no exílio, ajudou a fundar o Partido Comunista do Vietnã. De volta a seu país, em 1941, participou da criação do Viet Minh, a Liga Pela Independência do Vietnã. Como nacionalista radical, dedicou sua vida à libertação de sua pátria do domínio francês e, depois, como

tomou o poder, ficou num dilema: continuar em Hanói ou emigrar para Saigon. Escolheu seguir para Saigon, com seus 450 meninos. Hoje, a escola que dirige chama-se Foyer Dom Bosco e tem 550 alunos internos.

Quando entramos em Go Vap, Nguyen, meu intérprete, me faz parar o carro diante de um portão:

— Olhe este cemitério, sr. Ribeiro. Não nota alguma coisa diferente?

Não, não vejo nada diferente, ele começa a contar. No mês de janeiro de 1968, o número de enterros naquele cemitério aumentou muito. Era o Viet Cong,[4] ou *vici* (vc), como os americanos diziam, agindo. Enterravam caixões e mais caixões, com choro e vela, só que dentro deles o que havia eram fuzis, balas, granadas e metralhadoras. O cemitério fica a duzentos metros do depósito de munições do Exército sul-vietnamita. E, nos dias da ofensiva do Tet, o *vici* armou-se, abasteceu-se nas covas do cemitério, pertinho do inimigo.

Visto o cemitério, continuamos até o Colégio Dom Bosco. Como todas as escolas do país, agora também o colégio está fechado por ordem do governo. O padre não está, mas deixou recado que volta às treze horas.

Vamos então visitar um pagode de "culto aos antepassados". Foi construído em homenagem a um general do século XVIII, que, segundo a tradição, virou *gênio* (santo) depois de morto. O interior é cheio de ouro e brocados, altares, enormes animais em porcelana. Ao fundo, no altar-mor, um retrato do gênio protetor.

---

presidente do Vietnã do Norte, liderou até cair doente, em 1965, a luta contra a presença militar dos Estados Unidos no Vietnã do Sul. Faleceu em 1969.

4. Como ficaram conhecidos os ativistas pró-Vietnã do Norte da Frente de Libertação Nacional, que atuava no Vietnã do Sul e nos países vizinhos Laos e Camboja. Identificar quem era *vici* era um dos grandes desafios das Forças Armadas sul-vietnamitas e americanas.

São as mulheres, principalmente, que vêm rezar. Ao entrar, sempre sem sapatos, recebem-se duas pedras lascadas e uma caixa contendo mais de uma centena de varetas numeradas. O fiel ajoelha-se diante de um altar e reza, balançando a cabeça e inclinando o corpo até o chão. Terminada a prece, apanha as duas pedras e as atira ao chão. Se caírem na mesma posição — isto é, as duas de "barriga" para cima, por exemplo — é sinal de que os gênios receberam a oração como boa. Então o fiel movimenta as varetas e as atira também ao chão, para que "mostrem o futuro", o que se saberá conforme a posição em que caírem e seus respectivos números. Dirige-se em seguida à portaria, onde, em prateleiras, há papeizinhos correspondentes a cada vareta, e neles está escrito, em forma de provérbios e versos, o "horóscopo" de cada um, subdividido em vários setores: a vida amorosa, negócios, trabalho, família, saúde. Se o horóscopo for muito negativo, o fiel volta a rezar, depois escreve seus pedidos num papel, que queima na beira do túmulo do gênio protetor. O vietnamita acredita que um pedido só pode chegar ao céu através da fumaça.

Ao meio-dia vamos almoçar no mercado de Go Vap. Nguyen usa toda a sua paciência oriental para me ensinar a comer com os pauzinhos, pois garfo não há. E me conta que o vietcongue tem uma maneira própria de usá-los. Tradicionalmente, só se usa uma de suas extremidades, tanto para levar cada porção à boca, quanto para apanhar a comida na travessa. O *vici* criou esta novidade: uma das extremidades do pauzinho é usada para apanhar a comida da travessa para o prato: a outra (a que seria o cabo), para levar a comida do prato à boca. Nguyen mostra como é, mas não aprova:

— É movimento demais, parece que a gente está remando.

Às treze horas, encontramos o padre Generoso em seu escritório. Tem cinquenta anos e um ar saudável. Mas está desanimado com a situação do país. Fala até em voltar ao Brasil. Acha que a população do Vietnã do Sul colabora com os vietcongues:

— Isso ficou claro na ofensiva do Tet.[5] Sem a omissão do povo, o *vici* não poderia ter feito o que fez.

O padre acha mesmo que as pessoas do Sul desejam a paz com o *vici* por duas razões: a) medo do castigo; b) cansaço da guerra. Os *vicis* são os próprios demônios, jogados por Satanás aqui na terra, diz o padre:

— Eles são capazes de matar a sangue-frio, sorrindo, enquanto enfiam a baioneta. Não são demônios, são demoninhos, pois eu já vi vários *vicis* de dezesseis anos, e até um de treze. Um horror!

Suas opiniões, que ele dá até por escrito, são drásticas:

— A única solução para o Vietnã é bala. É preciso ampliar a guerra para liquidar completamente com os comunistas; U Thant[6] é um tonto, um bonzo encapuzado, que há muito devia ter sido linchado na ONU. De Gaulle[7] não passa de um agente dos comunistas, como todos os que falam em paz; os americanos são fantásticos, mas estão perdendo a guerra por serem bons demais. Se, em vez de 550 mil soldados americanos, houvesse aqui 550 mil coreanos, a guerra já teria sido ganha. Os coreanos lutam à moda asiática, não fazem prisioneiros: quando atacam uma posi-

---

5. No dia 30 de janeiro de 1968, cerca de um mês antes de José Hamilton Ribeiro chegar ao Vietnã do Sul, os vietcongues e o Exército do Vietnã do Norte fizeram a sua mais impactante ofensiva até então, atacando simultaneamente cerca de cem cidades sulistas, incluindo Saigon. O nome da operação deve-se ao fato de ela ter sido deflagrada nas primeiras horas do Ano-Novo lunar vietnamita, o Têt Nguyên Dán — iniciava-se então o Ano do Macaco. Dada a sua amplitude, a ofensiva desmitificou junto à opinião pública mundial a ideia de que os Estados Unidos estavam vencendo a guerra no Vietnã e provocou uma profunda mudança na visão do cidadão americano sobre os conflitos no Sudeste Asiático.
6. O birmanês U Thant foi o terceiro secretário-geral das Nações Unidas, que liderou de 1961 a 1971.
7. Grande herói francês da Segunda Guerra Mundial, o general Charles de Gaulle (1890-1970) era presidente da França em 1968.

ção, matam todos na hora, sem perder tempo com conversa mole. Só os governos fortes impedem o avanço do comunismo. O maior erro dos Estados Unidos, aqui, foi tirar o ditador Diêm[8] do poder. Com ele, tudo ia melhor.

Nem todo o tempo do padre Generoso Bogo no Vietnã é consumido em exercícios de rancor contra o *vici*. Sua missão é arranjar dinheiro para manter a escola técnica em funcionamento. Ao lado de alunos que pagam, a escola salesiana de Saigon recebe também órfãos e refugiados, que estudam sem pagar. O padre fica alegre quando um brasileiro o visita e prometemos voltar no dia seguinte para almoçar.

Regressamos a Saigon, porque temos hoje uma visita ao recolhimento de órfãos da Associação de Mulheres Vietnamitas. Num amplo barracão, em caminhas coladas umas nas outras, mais de setenta crianças estão sendo tratadas. Elas perderam a família inteira na guerra. Uma, chorando numa pequena rede, me chama a atenção. É pequena demais. A diretora informa:

— Veja, tem um mês de vida, mas pesa apenas 1,6 quilogramas. Nós a chamamos de Ngá, que quer dizer marfim (o pessoal do asilo a chama assim porque há uma lenda que diz serem os vietnamitas capazes de fazer milagres com o marfim. Esperam que o nome haverá de salvá-la: um milagre para salvar Ngá). Pela prática que temos, sabemos que o pai dela deve ser americano: veja os olhos e a cor da pele. O número de crianças assim é cada vez maior.

A pequenina é vítima indireta da guerra. Os pais não morreram. A mãe, mulher de vida irregular, aproveitou a onda de órfãos e abandonou a filha no portão da Associação. A mulher en-

8. Ngô Dình Diêm, presidente do Vietnã do Sul desde 1955, foi assassinado em um golpe de Estado em 1963.

carregada de cuidar da menininha informa que ela não aceitou alimento algum hoje. Chora muito, mas o médico disse que não tem nenhuma infecção. Há esperança que se salve.

No dia seguinte, antes de ir para uma entrevista com um especialista em história do Vietnã, passamos no orfanato para saber de Ngá.

— Agora está dormindo. Não passou bem a noite, mas de manhã aceitou a mamadeira. Ficou mais tranquila.

O professor No Minh nos espera na rua, a duzentos metros da sua casa. Pede desculpas, mas não pode nos receber hoje.

— Este bairro tem muito *vici*, sr. Ribeiro. Se eu receber um estrangeiro em minha casa, por certo virão pedir explicações e nem sempre as explicações de quem recebe um estrangeiro são aceitas por eles.

Para minha surpresa, Nguyen faz um convite para que o professor e eu almocemos em sua casa.

Com a manhã livre, vou assistir, na praça central de Saigon, ao ato solene de entrega de medalhas aos que lutaram com bravura contra o vietcongue durante a ofensiva do Tet. Nguyen quer ir comigo, mas a polícia não deixa, explicando que todos podem ver a cerimônia pela televisão. Só jornalista pode entrar.

O general Cao Kỳ[9] vice-presidente do Vietnã do Sul, homem forte do governo e líder da linha dura militar, é quem entrega as medalhas. No alto do palanque, echarpe colorida sobressaindo sobre a camisa do uniforme militar, o bigode preto bem aparado realçado num rosto impecavelmente barbeado, seu olhar é enérgico. Mas ele mostra um sorriso satisfeito quando aponto a máquina fotográfica em sua direção. Cao não tem ainda quarenta anos, e o povo comenta ultimamente o fato de ele estar agora com sua terceira mulher, uma aeromoça. No discurso, fala com violência:

---

9. Niguyên Cao Kỳ (1930-2011) foi primeiro-ministro do Vietnã do Sul entre 1965 e 1967 e vice-presidente entre 1967 e 1971.

— Nada de paz com os comunistas. Vamos libertar o Norte.
Esta guerra tem suas contradições. Cao Kỳ é nortista. Pham Van Dong, primeiro-ministro do Norte, é sulista. E Ho Chi Minh, que é do Vietnã central, já trabalhou há muitos anos para o serviço secreto americano.[10]

Terminada a cerimônia, reencontro com Nguyen no meio do povo, conversando com outro vietnamita:

— Este meu amigo trabalhava na província, num posto do governo. Seu irmão, um dia, trouxe-lhe um recado: um *vici* mandava dizer que, se ele continuasse a colaborar com os americanos, ninguém lhe garantia vida longa.

O rapaz abandonou o posto e hoje vive em Saigon, na casa de parentes. Esse é um fenômeno comum, e com isso Saigon se enche cada vez mais de problemas. Sua população hoje é de 3 milhões de habitantes. Alguns bairros são construídos sobre a água, num braço do rio Saigon. Quando baixa a maré, as casas apoiam-se diretamente sobre lama e detritos humanos. As crianças circulam naquela imundície, e esta não deixa de ser também uma imagem da guerra.

À tarde vamos visitar uma plantação de arroz. Nesta época, a colheita já terminou, e a terra virou pasto, onde búfalos comem sossegados. Há pouco gado no Vietnã, e o búfalo é usado para puxar arado e fornecer leite. O vietnamita do campo trata bem dos búfalos, como membros da família.

Na volta paramos no cemitério dos bonzos. Está cheio de gente. São centenas de famílias desabrigadas pela guerra, que re-

---

10. Em 1945, Ho Chi Minh, procurando apoio dos Estados Unidos para sua luta contra os japoneses, que ocuparam o Vietnã durante a Segunda Guerra, e depois contra os franceses — que voltaram a reocupar o Sudeste Asiático após o final do conflito mundial — ofereceu-se para fazer trabalho de inteligência para o oss (Escritório de Serviços Estratégicos) americano que atuava no Vietnã. Ele teria sido, inclusive, tratado de malária por um médico do oss.

ceberam permissão para "morar" ali até que o governo resolva a situação.

Hoje é sábado, mas o toque de recolher torna-o um dia igual aos outros. Fica-se preso no hotel, e à noite só se podem ver os programas sem graça da televisão, ou usar o serviço de bar, que fecha às 22 horas. Um americano, gigante de mais de cem quilos, reclama, quer que o bar fique aberto. Tudo o que consegue é um litro de uísque, que sai tomando nervosamente. Lá pelas 23 horas, dirige-se ao porteiro e diz que vai sair, que não suporta mais aquela solidão. Com paciência, o porteiro diz-lhe que não é possível, sair à rua é quase suicídio. O americano explode:

— Por que vocês não levam a sério a frase *Yankees go home* e nos mandam embora? Quero voltar para casa, não aguento mais este inferno!

No domingo, dia 10 de março, ótimo almoço na casa do sogro de Nguyen, o senhor Fauquenot — um rico escritor de 78 anos cujo nome foi traduzido para o francês. O professor No Minh, especialista em história vietnamita, tenta fazer-me compreender em duas horas quase 5 mil anos da história do Vietnã — ela começou em 2780 a.C. Ele me diz coisas assim:

— Para conquistar-nos, primeiro é preciso entender-nos. Violência não resolve. Durante 2 mil anos a China tentou conquistar-nos. Não conseguiu, ninguém conseguirá.

Uma particularidade da sociedade vietnamita: nem a mulher do velho Fauquenot e nem a de Nguyen, sua nora, sentaram-se à mesa. Ficaram o tempo todo escondidas na cozinha. Uma das filhas de Fauquenot serviu os pratos, calada e discretamente.

Nguyen me recorda a entrevista que temos na cidade, e nos despedimos daquela gente simpática. A entrevista é com um advogado de Saigon. Um amigo comum garante que seu nome não será revelado, pois seu problema é delicado. Tem dois filhos em idade militar e, para evitar que sigam para a guerra, faz como todos os ricos de Saigon: suborna as autoridades militares. Mas, como o advogado não é rico, as 50 mil piastras[11] (mais ou menos quatrocentos dólares) que tem para distribuir anualmente por filho isento do serviço militar lhe pesam bastante. E no fim deste ano outro filho entrará em idade militar, e sua conta será ainda maior.

A corrupção no Vietnã tem mil braços. Nem um simples papel, como um registro de nascimento, é liberado sem "algum" por fora. Um policial ganha 3 mil piastras por mês (cerca de 25 dólares), e isso não dá absolutamente para viver em Saigon, onde um quilo de arroz — alimentação básica — custa trinta piastras. O mercado negro funciona em toda parte. Uma rua — a Ham Naghi — especializou-se em vender produtos americanos a preços mais baixos que os próprios armazéns militares. O padre Generoso Bogo diz, com algum exagero, que o catolicismo precisou ser adaptado ao Vietnã, onde "mentir e roubar não é pecado".

Um soldado americano jamais recebe, estando no Vietnã, menos de trezentos dólares por mês — e isso se for apenas soldado raso. Ganha mais que um general vietnamita. Tanto dinheiro serve-lhe para comprar, a qualquer preço, um pouco de felicidade nessa terra que lhe é tão estranha e hostil. Isso faz dele fonte de corrupção.

Um escritor batizou o fenômeno de "varíola verde" — doença social provocada pelo dólar fácil. A corrupção está em todos os escalões do governo. Uma partida de remédios enviada pelo Brasil como auxílio às vítimas da guerra acabou vendida a altos preços nas farmácias de Saigon.

11. A moeda atual do Vietnã é o dong.

* * *

Depois de passar novamente pelo orfanato para saber da pequenina — hoje está boazinha — vamos para Bien Hoa, cidade de 40 mil habitantes a cinquenta quilômetros de Saigon. Há dois caminhos: a estrada velha, que atravessa aldeias, e a autoestrada. Resolvemos ir por uma e voltar por outra.

A estrada velha é bem Vietnã: mostra duramente a pobreza do país. A região está cheia de vietcongues, e as duas pontes da estrada já foram minadas várias vezes. Na segunda delas, cem metros antes, encontramos um grupo de soldados que nos faz sinal para parar. Examinam nossos documentos e nos liberam. Mais à frente, bem no meio da ponte, havia outro grupo de soldados, que nos parou também, mas não para pedir documentos. Queriam saber quem eram aqueles soldados lá atrás: o grupo de cima da ponte estava pensando que os outros eram *vici*.

Bien Hoa é cidade pobre, de muitos pescadores, e como em toda zona pobre presume-se que tenha muito vietcongue. Almoçamos ali. No restaurante, antes de servirem a comida, entregam o tradicional paninho quente para a gente passar nas mãos e no rosto. Lembrando de uma recomendação da Organização Mundial de Saúde, só o uso nas mãos. O tal paninho, geralmente não esterilizado, passando de um rosto a outro, é um dos maiores fatores de transmissão de tracoma, que é doença endêmica.

Voltamos a Saigon pela bela autoestrada, construída pelos americanos para ligar uma de suas bases ao porto saigonês. As instalações militares tomam os dois lados da autoestrada por mais de dez quilômetros. Mil metros depois, começa uma grande região de bordéis. Antes, porém, há o "posto de gasolina colorida". A gasolina aqui é azul ou vermelha, que é melhor e custa pouco mais que a metade da outra. Trata-se de combustível militar — azul dos veículos vietnamitas, vermelha dos americanos. Os soldados motoristas vendem, abaixo do custo, parte da gasolina dos tanques de suas viaturas. Ela é retirada por sucção, com um tubo de borracha, e depois revendida em latas. O movimento no "posto da gasolina colorida" é grande o dia todo, tanto de caminhões militares que vêm deixar-se *sangrar*, como de automóveis que vêm se abastecer. Tudo abertamente.

À noite, no hotel, um alemão vem chorar as mágoas comigo. É médico, trabalha num navio-hospital que o governo de seu país mandou ao Vietnã para tratar de vítimas civis. Está em férias, mas sem dinheiro.

— Um absurdo, passar férias numa cidade que fecha às dezenove horas!

Ele está impressionado com o volume de dinheiro que os Estados Unidos empregam aqui: 27 bilhões de dólares por ano, cerca de 80 milhões de dólares por dia. O médico alemão me explica a sua filosofia:

— Se os Estados Unidos pegassem esse dinheiro e dividissem entre a população do Vietnã, não precisavam matar ninguém nem se desmoralizar internacionalmente. E o povo vietnamita, enriquecido, jamais pensaria em comunismo.

Na terça-feira, dia 12, com Nguyen sempre de guia, vamos visitar o pagode do bonzo Tri Quang, que se notabilizou como líder da facção budista que lutava por um governo autodeterminado e independente. Na entrada do pagode, há um aviso: "O venerável Trich Tri Quang foi desacatado e preso hoje, às 9h30, sem nenhuma consideração, pelo governo de Saigon".

As paredes estão furadas de bala. Na última ofensiva, quando o incêndio arrasava as vizinhanças, o povo acorreu para lá em busca de abrigo. Na confusão, o pagode acabou recebendo fogo dos dois lados, e um velho foi morto, tomado por *vici*. Ao ser identificado, a surpresa: era pai de um capitão do exército do Sul. O pagode está sempre brigando com a polícia: os bonzos recusaram-se sistematicamente ao serviço militar.

Antes do almoço com um médico francês, que mora há dez anos no Vietnã, passeio despreocupado pelo centro. Como são bonitas as vietnamitas! A roupa que usam, o *ao-dai*, é sensual, embora se componha de duas peças — uma calça comprida até o calcanhar e uma túnica de gola fechada e mangas compridas. É verdade que alguns *ao-dais* são transparentes a ponto de mostrar as peças íntimas das moças.

As ruas centrais estão abarrotadas de barracas e quiosques, onde se pode comprar de tudo. Os quiosques de camisas bordadas são muito procurados por soldados americanos. O modelo mais vendido é um blusão brilhante, preto e amarelo, onde está inscrita a frase que já é quase um símbolo nesta guerra: "Quando eu morrer, vou para o céu, porque já passei meu inferno no Vietnã".[12]

Durante o almoço na varanda do hotel Continental, o médico francês me ajuda a entender alguma coisa desta guerra. Uma delas é o motivo pelo qual os americanos são tão hostilizados pelo povo. Ele acha que o segredo está no *amor*. O americano —

---

12. Naquele ano de 1968, funcionava em Saigon uma pitoresca instituição que o povo chamava de "Mercado de Ladrões". Você achava de tudo e a um bom preço — só não convinha perguntar sobre a origem dos produtos. Era nesse mercado que os correspondentes de guerra iam comprar uniforme militar, obrigatório quando o repórter pensava em ir para o front, junto dos americanos. Foi o meu caso. (N. A.)

que, em geral, só serve aqui durante doze meses — não faz mesmo questão de ser simpático, já que vai ficar tão pouco tempo, diz o médico. Ele paga, paga bem pelo amor, e acabou:

— Com isso, moça de família em Saigon não fala com americano. Não é *não sai* com americano: é *não fala*.

A manhã de hoje, quarta-feira, vai ser dedicada a uma visita a Cho Lon, o bairro chinês. Antes, entretanto, visitamos a pequenina Ngá. Descobriram mais uma coisa: a mãe — mãe solteira — tomou remédio para abortar, por isso Ngá nasceu tão fraquinha. Mas está cada vez melhor.

Cho Lon é uma verdadeira cidade dentro da outra. Sua população é de 1,2 milhão habitantes, dos quais 900 mil chineses. Em vietnamita, Cho Lon quer dizer grande mercado e, na verdade, o bairro é isto. Ali se pode comprar de tudo, desde ferro-velho até peças de motor de avião, desde objetos de marfim até cachimbo de ópio — ou o próprio ópio. Em geral, os chineses são ricos, embora não pareça. Cho Lon controla 85% de todas as importações (menos as de guerra) do Vietnã: mais de 50% de todo o comércio de Saigon; e quase 80% dos bares e restaurantes. Os chineses dominam também os bancos e as máquinas de beneficiar arroz.

A população tem certa antipatia pelos chineses, pois são considerados os "tubarões" do país. Não é cômoda a situação deles. O dono de uma casa atacadista de tecidos lamentou-se de que as operações comerciais estão paradas, o custo de vida muito alto. Reclama também que o governo mantém Cho Lon sob suspeita e não protege o bairro tão bem como faz com os outros. Os chineses temem que o governo, num ato de desespero, pratique contra eles alguma violência, como confisco dos bens e expulsão do país.

* * *

Voltamos a Saigon, onde tenho hoje, depois do almoço, entrevista com um estudante, presidente do Centro Universitário Renascença, espécie de república onde vivem cem estudantes de várias faculdades. O moço se chama Do Hun Nan, é sextanista de engenharia, e a primeira coisa que faz quando me vê é perguntar por Brasília e JK. Nan acha que o caminho para o Vietnã é fazer logo a paz e formar um governo de composição, que assegure a autonomia do país e em que o vietcongue, ao lado de outras forças políticas, esteja também representado.

Nan diz que a situação do Vietnã, em matéria de ensino superior, é precária. Poucas escolas, onde só estudam os ricos:

— Imagine: só temos duas faculdades de medicina! E nossos problemas de saúde pública são terríveis...

A guerra é um fantasma na vida do estudante. Se reprovado duas vezes, é imediatamente engajado; quando se forma, é obrigado a fazer quatro anos de serviço militar. Estão rigorosamente proibidas as manifestações estudantis no país, mas Nan diz tranquilo:

— Estamos calados, só pensando. Nossa hora chegará.

Decido ir para o front, contando direitinho os dias, para que não fique no Vietnã nem um dia além da quarta-feira, dia 20 de março, que é o prazo final de validade do "risco de guerra" em meu seguro de vida. Foi tão difícil fazer esse seguro — nenhuma companhia brasileira aceitou — que não vou, agora, brincar com ele. Acerto a viagem para depois de amanhã, sábado.

Um amigo de Nguyen, fotógrafo amador, oferecera-se para revelar e copiar meus filmes, e nós vamos à casa dele, ver se as fotos estão prontas. O rapaz está em casa, não nos vê chegar, e eu observo que ele tem o auditor do rádio portátil no ouvido. Pergunto para Nguyen o que há.

— Vai ver que ele está ouvindo a rádio de Hanói. É assim que todo mundo faz, para enganar a polícia.

Não estava, mas podia estar. A rádio de Hanói, muito potente, é sintonizada em Saigon mais facilmente que as rádios do Sul. Emite 24 horas por dia, tem programas em inglês para impressionar os soldados americanos, e faz pregação política permanente. Disse-me um estudante:

— Eles fazem muita pregação, mas o diabo é que não se pode negar que dizem duas coisas verdadeiras: a) os americanos são invasores estrangeiros; b) nosso governo não representa o povo.

O dia termina com uma notícia triste: Ngá, a menininha, está com princípio de desidratação.

Hoje, sexta, a notícia é pior: Ngá foi levada às pressas para um pronto-socorro. Seu estado é grave. Combino com Nguyen: vamos vê-la à tarde.

Logo depois do almoço vamos ao comando militar americano para reservar lugar no avião de amanhã para Da Nang.[13] O sargento que nos atende é simpático. Enquanto fala, mostra, colados na parede, dois cartazes. Um assim: "Responda-me apenas uma pergunta: que desgraça estamos fazendo aqui?". E o outro: "Fuja! Sempre se pode dar um jeito de escapar disso".

Bem de tardezinha, vamos ao hospital ver a menina. Não

---

13. Na portuária Da Nang, a segunda maior cidade do Vietnã do Sul, funcionava a base militar construída ainda na ocupação francesa, nos anos 1930. Era um local nevrálgico nas operações dos Estados Unidos e dos sul-vietnamitas, e um dos pontos de chegada das tropas americanas enviadas para o Vietnã do Sul. Um notável relato jornalístico do último avião militar americano a deixar a base ao final da guerra, em março de 1975, "Um voo para o inferno", foi escrito por Paulo Vogle, correspondente da UPI (despacho da UPI de 29 de março de 1975).

nos deixaram entrar, a hora de visitas acabou. Só posso vê-la agora quando voltar do front.

No sábado, 16 de março, de acordo com as instruções, o fotógrafo japonês Kei Shimamoto[14] — um dos melhores cobrindo a Guerra do Vietnã, que contratei por indicação da agência de notícias France Press — e eu apanhamos o avião militar para Da Nang. É lá que está instalado o "centro de imprensa" do front, e é lá que os jornalistas ficam sabendo onde está havendo a batalha

Da Nang é um porto importante e uma das cidades principais do Vietnã central. Como Saigon, tem uma aparência que impressiona bem — alguns restaurantes bonitos, onde os americanos vão comer, e cujas varandas são recobertas com tela forte, para evitar granadas. Mas, saindo do centro, a miséria é grande. O esgoto corre pelas ruas, há muita sujeira. E o mercado negro está sempre presente, com uísque, cigarros americanos, roupas e tudo mais. No mercado central pode-se comprar uma coisa que estava virando "atração turística": as sandálias de pneu do vietcongue.[15]

14. Keizo Shimamoto, nascido em Tóquio, morreu no Vietnã, em 1970, quando o helicóptero em que se encontrava foi alvejado. Pouco antes, ele havia sido contratado pela *Realidade* e viria trabalhar no Brasil depois dessa última missão na guerra que cobriu por meia década. Em 1972, saiu no Japão um livro de suas fotos com o título *Ele morreu no Vietnã*.
15. O jornalista australiano Wilfred G. Burchett, no livro *Vietnã: A guerrilha vista por dentro*, diz que as sandálias, que também ficaram conhecidos como "sandálias Ho Chi Minh", eram "a melhor solução em calçados já inventada para as condições de calor e floresta". Segundo ele, de um pneu médio dava para fazer dez pares de sandálias, e de "um caminhão General Motors de dez rodas" podia-se tirar uma centena de pares de sandálias.

O livro de Burchett, publicado originalmente 1965, tem duas versões diferentes no Brasil. Uma, lançada pela então Gráfica Record Editora, em 1967, teve a vantagem sair no calor da hora das discussões sobre a Guerra do Vietnã; a outra, bem mais completa, saiu pela editora Expressão Popular, em 2018.

José Hamilton Ribeiro no velho Citroën que alugou em Saigon, então a capital do Vietnã do Sul.

18 DE MARÇO
Um jogo no inferno

Faz três dias que sou "familiar", depois de passar dez dias em Saigon e arredores como civil. O hábito não faz o monge, mas na guerra o uniforme faz o soldado. Isso pelo menos foi o que me explicaram, ontem, os soldados americanos da Companhia a que estou agregado, a 1ª Divisão de Cavalaria Aeromóvel.[16] Estávamos em operação numa colina e, a certa altura, eu quis ir até o riacho

---

16. Conhecida como *First Cav* entre os soldados americanos. Desde janeiro de 1968, a 1ª Divisão passou a usar a base de Camp Evans, que ficava próxima da importante cidade de Hué, capital do Vietnã até 1945 — e palco de uma das mais sangrentas e decisivas batalhas da Guerra do Vietnã, durante a Ofensiva do Tet.

A 1ª Divisão se destacaria por ser uma das pioneiras no uso inovador de helicópteros não apenas para transporte e logística, mas também como uma divisão de artilharia e de ataques aéreos, daí o Aeromóvel no seu nome. Como era muito difícil para os soldados americanos combater os vietnamitas no solo — por conta das selvas e dos terrenos pantanosos, que não conheciam bem — a artilharia em voo era um recurso importante. Os helicópteros se tornaram uma das imagens mais marcantes da Guerra do Vietnã (Peter Arnett chamou-a de "guerra de helicópteros"), imagem exemplarmente explorada pelo diretor Francis Ford Coppola no seu épico filme *Apocalypse Now*.

que corria ali, beber água. Outros, antes de mim, tinham feito o mesmo, mas comigo havia um problema: eu só iria — disseram — se levasse comigo um fuzil.

— Um fuzil? Mas eu sou lá de atirar em alguém?

— Um fuzil, sim senhor. Com o nosso uniforme, e integrando a nossa Companhia, sua segurança é nossa responsabilidade. Será desairoso para o comando que um de seus homens seja apanhado sem defesa. De outro lado, para o inimigo, nada o distingue de qualquer soldado; ambos são ótimos alvos. Ou vai de fuzil, ou não vai.

— E se a gente der um "jeitinho"?

Deu-se um jeitinho: foi um soldado comigo, de metralhadora, e assim eu pude ficar com as duas mãos livres, para palmear a água no riacho, ou para cuidar da minha máquina fotográfica.

Como é bom ser soldado americano! O diabo é a guerra — não fosse ela, a vida aqui em Quang Tri[17] seria até bem gostosa. O pessoal é simpático e a gente, como jornalista, é bem recebido e até festejado. Recebe-se respeito, admiração, cerveja, chiclé e cigarro — tudo de graça. A boia (depois que a gente acostuma) é boa, a cerveja é geladinha e em cada barraca há as mais bem selecionadas fotos de mulher nua que eu já vi. A revista *Playboy* chega aos montões, para distribuir ao pessoal. Nos radinhos de pilha, quando não há discursos do Johnson[18] ou do general coman-

---

17. A base de Quang Tri, ainda mais ao norte do que Hué, havia sido construída no ano anterior à chegada de José Hamilton Ribeiro por lá, e era um dos postos de operações militares dos americanos e sul-vietnamitas mais próximo da fronteira com o Vietnã do Norte.
18. O texano Lyndon Baines Johnson (1908-73), 36º presidente dos Estados Unidos, do Partido Democrata, governou de 1963 a 1969. Os conflitos no Sudeste Asiático precediam seu período na presidência, mas foi no seu mandato que

dante,[19] só se escuta música "quente", dessas que estão nas paradas de sucesso em Nova York ou Londres.[20]

— "O moral da tropa é altíssimo", disse-me anteontem o major do Quartel-General da 1ª Divisão de Cavalaria Aeromóvel, "a Divisão de Cavalaria móvel mais móvel do mundo", segundo seu slogan.

O major relacionou algumas das coisas que mantêm elevado o moral dos GI (GI é abreviatura de *Government issue*, isto é, mandado pelo governo, termo de uso geral para tudo que é do governo americano nos outros países, principalmente os soldados). O rateio da morte é uma dessas coisas, diz o major; para cada baixa americana, há treze cadáveres vermelhos no pasto. Outra coisa é a cozinha; por mais distante que seja o local de uma operação, o serviço de helicópteros garante que o soldado tenha duas refeições quentes por dia — geralmente a da manhã e a da noite.[21] A adega também é importante, assim como o correio. Por causa da primeira, nunca há de faltar cerveja; em razão do segundo, não passa uma semana sem que o soldado receba cartas da pátria. Se ninguém mandar, há um serviço especializado na produção de

---

uma escaramuça naval no golfo de Tonkin, na costa vietnamita, em agosto de 1964, permitiu que o Congresso americano concedesse plenos poderes ao presidente para atacar o Vietnã.
19. General William Childs Westmoreland (1914-2005).
20. A Guerra do Vietnã também ficou conhecida como a "guerra rock and roll". A *playlist* das canções associadas à guerra vai de composições do The Doors às do Creedence Clearwater Revival, passando por músicas do The Animals, Rolling Stones, Jimmy Hendrix, Bob Dylan e muitos outros nomes dos anos 1960 e do primeiro quinquênio da década de 1970.
21. No campo inimigo, o dos guerrilheiros vietcongues, a situação era bem diferente. Eles eram obrigados a esconder suas cozinhas, pois "onde há fumaça há vida" e a fumaça poderia denunciar seus esconderijos. Segundo Wilfred G. Burchett, os guerrilheiros passaram a construir em suas cabanas fornos abaixo do nível do solo e, em vez de chaminés, eles faziam longos túneis que levavam a fumaça para dentro da selva.

cartas de mentirinha, quase sempre com letra feminina, e que podem começar assim:

Dear Joe
Dificilmente você se lembrará de mim. Eu era sua colega de classe, mas você jamais reparou em minha existência. Quando você voltar e nós falarmos duas ou três coisas, tenho certeza de que se lembrará de tudo. A menos que, agora como grande herói, você venha a insistir em não me reconhecer...

— Outro fator de alevantamento do moral da tropa — explicou o major — é que nossos rapazes sabem que em nenhuma hipótese nós os abandonamos no campo da luta. E a média de tempo que leva entre um homem ser ferido em batalha e dar entrada no hospital é de vinte minutos. Mais rápido do que em acidente de trânsito em Nova York ou Chicago. O helicóptero, meu amigo, o helicóptero faz miséria!
Mesmo a morte comporta uma estatística encorajadora, segundo o major. O corpo, congelado e plastificado, de um americano vitimado no Vietnã demora em média três dias para ser entregue à sua família, nos Estados Unidos.
— E cada corpo tem sua própria escolta de honra, desde que sai daqui. São dois soldados, da sua Divisão, em uniforme de gala... Sem contar as medalhas.

Apesar de tanta coisa boa, os GI fazem o "jogo da mulher amada" para ser mantida a ilusão de que faltam poucos dias para voltarem — vivos! — para casa. E, melhor ainda, a ilusão de que, voltando, só a felicidade estará a esperá-los para o resto da vida. Quem primeiro me mostrou o jogo da mulher amada foi Baker, um soldado da Companhia D. Recortam da *Playboy* ou de outra revista do gênero a figura de uma mulher, de preferência sem roupa, que mais se aproxime do "tipo" feminino desejado e sonhado. Há o jogo dos 335 e o dos cem — são os dias que o GI tem de permanecer no Vietnã. O recrutamento é de onze meses, mais ou menos 335 dias. Quem inicia o jogo logo que chega, faz o de 335. A maioria, no entanto, faz o de cem, isto é, começa a jogar quando faltam cem dias para voltar para casa.

Escolhida a mulher, e colada num bom lugar — de preferência na cabeceira da cama, ou na valise de campanha —, o GI a divide em tantos pedacinhos quantos são os dias que ainda tem de aguentar na guerra. Trezentos e trinta e cinco pedacinhos, se começa no início, ou cem, se acompanha a maioria.

— Dá um trabalho danado — diz-me Baker — quadricular uma figura humana em 335 pedacinhos. Isso toma tempo, mas por isso é que é bom.

Dividida a mulher direitinho, o GI parte para "conquistá-la", e só terá esse direito quando a recobrir inteirinha, pedacinho por pedacinho, com a tinta de sua caneta. Cada dia recobre um; se o dia foi agradável, escolhe uma parte que considera boa no corpo da mulher; se foi um dia ruim, cobre uma parte menos desejada. E assim vai.

Observando cada dia sua "pintura", ele sabe a quanto está de viver de amor (voltando), e não de ódio (na guerra).

Dos oito ou dez "jogos da mulher" que eu vi, a disposição do pessoal era deixar o "pico da colina da direita" (o bico do seio direito) para ser conquistado em último lugar; o dia da libertação, o dia do desengajamento da guerra, representado por um seio de vedete.

Kei Shimamoto diz que uma coleção de fotos coloridas das tatuagens no peito e no braço dos GI talvez contasse a história dessa guerra melhor que muitos livros. É verdade; dificilmente se vê por aqui um GI sem tatuagem.

Na sala de registro dos voos de campanha para o pessoal militar, em Saigon, há dois grandes avisos sobre a mesa do sargento anotador. Um é este: "Fuja! Há sempre um jeito de escapar!". O outro é mais "filosófico": "Responda-me uma única pergunta: que desgraça eu vim fazer aqui?".

Quando o avião que nos levava de Da Nang para Camp Evans escalou em Phu Bai, ficamos bem uma hora com uma Companhia de *marines* que ia para Khe-San. Nas costas de um estava escrito: "Khe-San é o inferno. E pensar que eu sou da Califórnia!". Um outro era cínico, ou fingia ser: "Estou com fome, quero um *vici* para o almoço".

Passei meu primeiro dia como "militar" engajado no Vietnã na base de Camp Evans. O pessoal que não saiu logo cedo para a luta acordou entre sete e oito horas e foi para o breakfast. Que breakfast! Um prato de carne, um outro de omelete, batata cozida e bolo. Depois, leite, suco de frutas, doce, geleias, molhos, café e creme à vontade.

— Uma refeição dessas — brincou o cozinheiro, quando toquei no assunto — dá para alimentar um *vici* o mês inteiro... Mas nós temos coisa melhor para eles...

Entre o breakfast e o almoço, o pessoal ronda as barracas, joga baralho, repassa o jornal militar, lê ou relê cartas, escreve-as, bate papos. Há sempre à mão as caixas semanais de suplementação de ração, com chocolates, biscoitos, gomas, confeitos, chiclés, doces, pasta de dente, cigarros, fósforos, sabonetes, desodorantes, aparelhos de barba, lâminas. Cada barraca tem sua geladeira, sempre com cerveja geladinha e refrigerante.[22]

---

22. No "Mercado de Ladrões" você podia encontrar os vinte e tantos itens de toda a tralha de um "correspondente de guerra". Na lista deviam constar, além de uniforme completo: mosquiteiro de filó contra pernilongo, pastilhas para puri-

A fartura é grande. Por brincadeira, pus na cabeça que devia fazer a barba cada dia com um aparelho novo. Sempre havia aparelho fechado na caixa suplementar da minha barraca e acredito que se ficasse lá um ano poderia manter a mania sem que ninguém se aborrecesse com ela, nem faltasse barbeador.

A hora do almoço é outro farturão. A ronda das barracas prossegue à tarde, é interrompida para o jantar e "ferve" à noite, quando se vai festejar com o pessoal que voltou das missões os grandes acontecimentos do dia. Ou chorar as baixas.

— Quanto à vida sexual dos combatentes — diz o major de informação de Camp Evans —, oficialmente o problema se resolve com uma semana de "férias" que cada soldado passa num país amigo. Com tudo pago: passagem, hotel, diária, extras, tudo.

---

ficar água, pastilhas de sal (para o caso de se perder no mato e entrar em carência mineral), cobertor, colchonete, lanterna, kit de primeiros socorros, papel higiênico, mapa, dinheiro, cantil, latas de comida.

Entre estes vinte e tantos itens da tralha do correspondente, dois sempre me intrigaram: pistola e camisinha. O uso da arma pessoal era esclarecido numa espécie de manual chamado *Um breve guia para a cobertura de notícias no Vietnã*, escrito pelo ex-correspondente em Saigon da agência de notícias Associated Press, Malcolm Browne, transcrito no livro *Ao vivo do campo de batalha* (lançado no Brasil pela editora Rocco, em 1994), de Peter Arnett, distribuído pela AP assim que os correspondentes desembarcavam no Vietnã: "se você acompanha uma operação do governo (ou do Exército dos Estados Unidos), será alvo de fogo do inimigo, exatamente como se fosse um combatente. [...] O vietcongue, de um modo geral, não faz prisioneiros [...], mas os fuzila na hora (após um bom 'interrogatório'). A maioria dos correspondentes de guerra no Vietnã carrega uma pistola para ter oportunidade de se matar no caso de ser ferido (ou feito prisioneiro)".

Quanto à camisinha, naquele tempo ela não era tão popular nem tão família como é hoje. Mas sua utilidade era bem pragmática: no caso de ter de romper um brejão ou atravessar um rio a nado, aquela borracha da camisinha era boa para impedir que se molhasse: o dinheiro, o cigarro, os fósforos. (N. A.)

Os países amigos que os Estados Unidos selecionaram oficialmente para os seus heróis do Vietnã fazerem o seu "turismo seminal" são Formosa, Tailândia, Japão, Filipinas e Coreia do Sul.

Dessa grande prova de amizade americana, a geografia nos poupou...

Presume-se que nessa semana de amor desbragado, os GI desenvolvam tamanha atividade sexual que permanecerão abúlicos as outras 47 semanas. Isso, oficialmente. Na prática, ao lado de cada grande local de concentração de soldados no Vietnã há, também, um grande bordel. Fora a atividade dos inferninhos, boates e bares nas cidades, os quais mantêm esses nomes só para a polícia ver. Ou não ver.

O peso sobre a família vietnamita de mais ou menos 1 milhão de soldados estrangeiros — 600 mil americanos e mais uns 400 mil "aliados" da Coreia do Sul, da Tailândia, de Formosa, das Filipinas, muito bem armados de dólares — é enorme. Uma senhora em Saigon me disse que a instituição familiar do Vietnã está a ponto de desabar sob três fogos da guerra: a morte ou a deserção, para o filho; a vergonha e a prisão por furto ou contrabando, para o pai; e a prostituição, para a filha.

Fernand Gigon, escritor suíço, diz que o governo americano mantém um fichário minucioso de todo o pessoal vietnamita que trabalha para ele. Na parte que se refere às moças, a informação é esta: "Oito moças em dez, das que trabalham para nós, fazem programas à noite".

No banheiro da Landing Zone Betty,[23] base mais avançada ainda do que Camp Evans e onde vou ficar três dias, há uma pla-

---

23. Também conhecido como Firebase Betty ou Phan Thiêt, campo de pouso construído ainda no tempo da dominação francesa. Hoje, o local onde ficava a Landing Zone Betty é uma das atrações do turismo da Guerra do Vietnã. Segundo Michael Herr, no livro *Despachos do front* (de 1977, lançado no Brasil pela editora Objetiva, em 2005) os campos de pouso eram batizados com o nome das esposas dos comandantes americanos da base militar.

ca colocada pelo pessoal do serviço médico com os seguintes dizeres: "Não tenha nenhum constrangimento com sua doença venérea. Ao primeiro sinal, procure-nos, que temos o remédio para deixá-lo bom em três dias".

Dac é um soldado da Companhia D. Ele me fala de um "paraíso" que já visitou, perto de Da Nang.

— É a cidade do pecado, assim nós a chamamos. Em construções feitas por nós, vivem mulheres, lindas mulheres nativas. O serviço médico controla-as, para prevenir qualquer doença. E uma força de polícia evita que qualquer homem, a não ser americano, frequente-a, para evitar que, também lá, o vietcongue se infiltre. É uma delícia a *devil city*; uma vez fiquei três dias seguidos lá.

Dac não sabe qual é atualmente a situação desse seu paraíso. Ouviu dizer que certa revista americana andou fazendo uma reportagem escandalosa sobre o lugar, e que isso tinha desanimado um pouco os oficiais que o defendiam. Principalmente porque a revista colocava muito destacadamente esta pergunta: "Se o inimigo tomar a cidade do pecado, será justo usar a nossa força para reconquistá-la? Que repercussão terá isso no mundo?".

A atividade sexual dos GI não é, pois, um problema tão simples como tentou mostrá-lo o meu major de Camp Evans. O soldado americano, recrutado o mais das vezes entre dezoito e 21 anos, bonito e saudável, supervitaminado, vindo de uma convivência sexual bastante livre em sua terra, seguramente não se contém com a "semana de orgia" que o mandam fazer num "país amigo". Ele manda brasa o ano todo, e a estatística que se dane.

Hoje é o meu terceiro dia de "soldado americano" no Vietnã. Tenho procurado conversar com todo mundo e, a rigor, ainda não encontrei nenhum tipo inteiramente odiável. Ao contrário, conheci alguns que gostaria muito de ter como amigos. O dr.

Jung, por exemplo, médico da base Betty, é um grande praça — gosto dele. Como gosto do "profeta" Jeremias. O profeta é preto, dizem que foi um grande combatente. Agora, depois que ficou torto por causa de um tiro, trabalha como ajudante da cozinha. Não entende nada desta guerra, nem quer saber quem foi que a inventou. Só diz uma coisa:

— Prefiro brigar com os comunistas aqui do que esperar para lutar com eles lá no quintal da minha casa.

Jeremias ouviu a frase um dia, gostou dela e isso lhe basta para explicar sua presença aqui. Carlson, também negro, atirador de helicóptero, acha que, se os Estados Unidos pudessem, já teriam voltado para casa. O caso é que não podem cumprir suas tarefas mundiais pela metade — agora têm de ir até o fim. Jimmy, outro negro, é raivoso. Tem um projétil alojado perto do coração, uma cicatriz cobrindo todo o peito e um secreto medo de cair morto a qualquer hora:

— Esse Ho Chi Minh é um velho tonto e tem hemorroidas...

Aproveito os três juntos e proponho a questão:

— Há discriminação racial entre os soldados no Vietnã?

A resposta é espontânea, unânime e vigorosa: "Não!".

— Ao contrário, o cuidado que os oficiais têm conosco — diz Jimmy —, acho que é maior do que aquele que dispensam aos brancos. Qualquer coisinha que um negro faça aqui já vale distinção, medalha, coração de púrpura.

Carlson faz charme:

— Para morrer na lama, somos todos, aqui, absolutamente iguais...

A porcentagem de soldados negros no Vietnã é agora (já foi bem maior) mais ou menos a mesma da população negra em relação à branca, nos Estados Unidos — 10% a 15%. Entre o pessoal que realmente combate na linha de frente, porém, a participação dos negros cresce para o dobro: 30%. Qual seria a explicação? Os negros têm mais coragem, são mais afoitos? Ou ao branco é mais fácil "quebrar o galho" para ficar na retaguarda?

Seja como for, todo soldado negro que encontrei no Vietnã me respondeu com muita segurança sentir-se bem tratado, bem considerado e muito orgulhoso de estar arriscando a pele por sua pátria. Eu veria depois, já nos Estados Unidos, que o drama do soldado negro não existe enquanto ele está no Vietnã (o Exército não é tolo para discriminá-lo ou diminuí-lo), mas quando ele volta para casa. Na guerra, foi o grande defensor da pátria, o grande herói, o homem que afrontou perigos, que defendeu a bandeira, que encarnou a própria honra do país. Volta para casa cheio de medalhas, de púrpura, de citações e de sonhos — é o próprio herói nacional. Na primeira esquina, entretanto, traduz o olhar de uma velhinha:

— Negro sujo!

Vai tomar um táxi e o motorista, branco, não para. Apanha um ônibus e o olhar dos passageiros brancos diz uma coisa só:

— Negro sujo. Volta para teu gueto!

Aí talvez ele torne a pensar no Vietnã e quem sabe até se perguntará se era aquela, realmente, a guerra que ele tinha de fazer.

Mas foi um branco o soldado americano que mais me impressionou, nesses três dias. Converso sempre com ele e às vezes faço com que repita uma coisa duas ou três vezes para poder acreditar no que estou ouvindo. Ele se chama Anthony (Tom), e é sargento. Sua origem centro-americana faz dele um sargento diferente do típico sargento ianque; daquele homenzarrão de cabeça grande, cabelo quadrado, 120 quilos, bota 45 — o chamado "sargento de tração". Tom é magrinho, expedito, ligeiro, de farda desalinhada. Ele me garante que já matou 34 vietcongues, pessoalmente.

— O último foi outro dia. Um tipinho magrelo, fedorento. Ele estava de tocaia numa caverna, um buraco aberto horizontalmente num barranco. A entrada da caverna estava camuflada com uma touceira de mato. Ele ficava lá o dia todo, quietinho. De vez em quando, punha a cabeça para fora. Se visse algum dos nossos nas imediações, puxava o fuzil, fazia a mira, dava um tiro só e desaparecia. Nós o percebemos e eu exigi: "Esse é meu. Quero ver o miolo dele estourar". Ajeitei uma posição e fiquei esperando. Daí a pouco o matinho começou a mexer e logo sua cabeça apareceu. Na medida. Quando recebeu as balas, enrolou como cobra e sossegou. Ainda dei mais uns tiros, para segurança, e depois revistei seus bolsos em busca de suvenir. Não tinha nada, o desgraçado. Só tinha uma latinha de comida, já pela metade. Era um bolo de arroz esverdeado, sujo e cheirando mal. Fiquei imaginando que se não matasse aquele Charlie, ele acabaria morrendo envenenado com a própria comida...

Tom fala muito em matar, em "ver os miolos" — é o único assunto que o empolga. Está indo para o seu terceiro ano no Vietnã e diz que, terminando a guerra, pretende ser mercenário na África, na América Latina ou "em qualquer lugar onde me paguem quinhentos dólares por mês". Ele se acha preparado para fazer guerra contra guerrilha em qualquer lugar do mundo. Às vezes se trai. Quando, por exemplo, lhe pergunto o que faz do seu soldo:

— Deixo quase tudo nos Estados Unidos, só recebo trinta dólares por mês aqui. Quero ver se com essa economia arranjo a vida da minha família, que tem estado com muita má sorte nos últimos tempos.

Procuro saber dele como acha que essa guerra possa terminar, e Tom diz:

— Só com a vitória total. Só depois que esmagarmos todos os vermelhos.

Sua opinião encontrou forte resistência de quatro outros soldados que assistiam à conversa. Um se manifestou:

— Em primeiro lugar, você errou a cor do inimigo; não é vermelho, é amarelo...

Tom topa a "briga", argumenta que não se pode aceitar nenhuma espécie de negociação com o "monstro que já matou mais de 30 mil americanos", e que "nosso sangue precisa ser vingado".

— E o sangue deles, também precisa ser vingado?

— Eles são porcos.

A guerra envenenou a alma de Tom. Seu caso não é mais de fuzil nem de napalm[24] ("a coisa mais sensacional que eu já vi"), diz ele, mas de tratamento mental. Talvez com camisa de força. Nem todos os 600 mil americanos no Vietnã, no entanto, estão como ele, pelo menos não ainda.

A noite aqui na base, hoje, não vai ser tranquila, diz o capitão do Serviço de Inteligência. Prevê-se ataque com morteiros. A última vez que o vietcongue bombardeou a base, morreram dois: o coronel Petti e um major. Justo o comandante e o subcomandante do batalhão.

Morrerá alguém esta noite?

24. Desenvolvido durante a Segunda Guerra Mundial por químicos da Universidade Harvard, é um composto de sais de alumínio dos ácidos naftênicos e palmítico, que associado a líquidos inflamáveis à base de gasolina são utilizados como armamento militar incendiário. O napalm causa queimaduras graves e profundas e, em ambientes fechados, provoca a morte por asfixia. Entre 1963 e 1973 os americanos despejaram 352 mil toneladas de napalm no Vietnã. A literatura sobre a guerra afirma que ele foi usado contra civis. Um ataque de napalm em junho de 1972 acabou gerando uma das fotorreportagens mais marcantes da Guerra do Vietnã: a imagem da menina — então com nove anos — Kim Phúc, que conseguiu se desvencilhar das roupas em chamas e corre nua, em desespero, após a explosão de uma bomba de napalm na sua aldeia, em Trang Bang. Ver pp. 12-3.

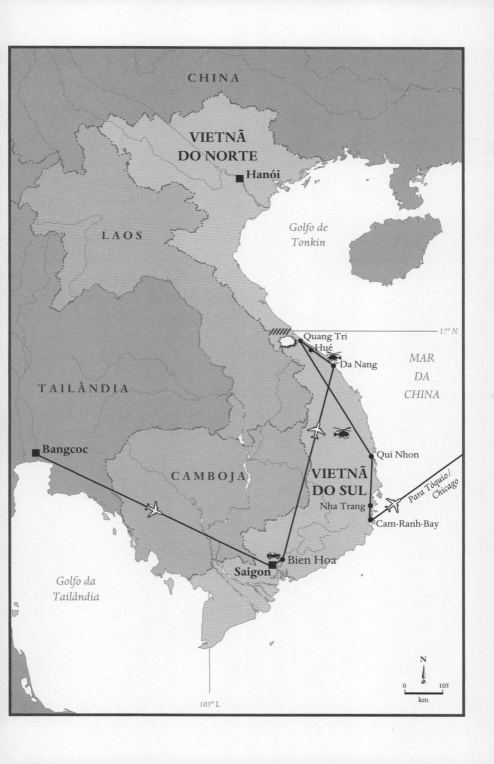

No mapa, o percurso do repórter José Hamilton Ribeiro no então Vietnã do Sul, em 1968.

20 DE MARÇO
A mina na Estrada sem Alegria

Segundo meus cálculos, hoje, quarta-feira, eu já devia estar de volta a Saigon. O fotógrafo Kei Shimamoto foi quem me convenceu a permanecer mais um dia na Landing Zone Betty, a base americana mais avançada na direção do Vietnã do Norte. Estamos a uns trinta quilômetros da zona desmilitarizada — que separa um Vietnã do outro — e a uns vinte quilômetros de Khe-San — base de *marines*, atualmente cercada por forças do Vietnã do Norte e na iminência de sofrer um ataque em larga escala.

— Se Khe-San for atacada — me diz um capitão —, nós seremos os primeiros a ir em seu socorro.

Esse "nós" me incluía, pois eu era agora um integrante da Companhia D (Delta), do 8º batalhão da 1ª Divisão de Cavalaria Aeromóvel.

Depois de quatro dias de operação com a Companhia D eu já estava pronto para ir embora, mas acabei cedendo à argumentação do fotógrafo para ficar mais um dia. Isso porque hoje, dia

20, haverá dois tipos de operações altamente promissoras para fotografias: uma na parte da manhã, que é o reconhecimento e "limpeza" numa aldeia da Estrada sem Alegria, sabidamente controlada pelo vietcongue; a outra, na parte da tarde, um assalto aéreo sobre uma colina, após o bombardeio de alvos já conhecidos e fixados, e com grande possibilidade de "contato" com o inimigo — e isso quer dizer batalha dura.

— Um dos dois há de dar certo — diz o fotógrafo. — E vamos enriquecer bastante nosso material visual.

Shimamoto "cobre" a guerra no Vietnã há dois anos. Já calejado com todas as coisas que acontecem aqui, mantém-se, a meu ver, insuportavelmente "foca"[25] diante de situações que deixariam eufórico qualquer fotógrafo brasileiro. Ontem, por exemplo, não tirou uma única fotografia quando nós — a Companhia D inteira — estivemos por um momento à mercê de um atirador vietcongue, numa missão de localizar e destruir uma caverna *vici*, repleta de alimentos e de armas. Um vietnamita a serviço da Inteligência da 1ª Divisão — um espião — havia descoberto a caverna-esconderijo e então nos guiava para lá. Não existia estrada e caminhávamos pelo mato, cruzando rios, subindo barrancos e às vezes andando por longo tempo com água pela cintura, para atravessar o brejão de uma lagoa. Numa dessas ocasiões, quando estávamos todos chafurdados numa água barrenta, os soldados com os fuzis e metralhadoras erguidos à altura da cabeça para não molhar, apareceu, no alto de um promontório, a cem metros de nós, um homem armado.

— É o *vici*! — disse um soldado a meu lado.

Meu corpo todo estremeceu, pois tive a certeza de que aquele homem sozinho, com apenas uma metralhadora, poderia ma-

---

25. Como são chamados, no jargão da imprensa brasileira, os iniciantes na profissão de jornalismo.

tar-nos a todos, em questão de minutos. Fiquei esperando o primeiro tiro para depois mergulhar e ver no que ia dar aquilo. O estranho personagem observou rapidamente nossa situação e logo desapareceu no outro lado da colina.

Cobrei nervosamente do Shimamoto uma explicação por ter perdido tão bela oportunidade para uma foto e ele, foca como sempre, não se abalou.

— Não tem importância. Ainda vou achar coisa melhor.

Isso já vinha me irritando, tanto que ontem à noite, de volta à base, havia escrito uma carta para a redação, em São Paulo, contando a atuação do meu fotógrafo e desabafando, no fim. A carta, que chegou em São Paulo no dia 11 de abril, foi esta:

Moçada

Estou na Landing Zone Betty, da 1ª Divisão de Cavalaria Aeromóvel, a dois quilômetros de Quang Tri e a mais ou menos trinta quilômetros da chamada "zona desmilitarizada". Khe-San fica a vinte quilômetros e se diz que, se a situação em Khe-San der bode, seremos "nós", da 1ª Cavalaria, que socorreremos os *marines* lá. Há dois dias participo das "operações de campo" — operações de limpeza — do batalhão, e até agora só o que se conseguiu caçar foi o chapéu de um camponês, muito usado, já furado, que nem para suvenir serve mais. A turma daqui diz que o inimigo só briga quando quer e, pelo jeito, agora ele não anda querendo.

A operação de hoje foi "de cinema": mato grande, água pela cintura (molhou o meu cigarro, merda!), sanguessugas, mosquitos, rádio, helicópteros, suspense, arrozal, mas "de bom" mesmo, nada.

Para amanhã se prevê uma operação em aldeia... Para vir ao front contratei um fotógrafo japonês — Kei Shimamoto —, indicado pelo sr. Pelou, da Agência France Press de Saigon, como boa gente e bom profissional. Parece mesmo bom, só que o desgraçado, toda vez que peço para me fotografar com água pela cintura, ele diz *No good*! Acho que ele espera que uma bomba me mande para o cão, para só então achar uma boa foto!...

Abraços e beijos, HAMILTON.
12 Betty, Quang Tri — 19/3/1968.

Mas hoje, dia 20, a frieza do Shima tem que se alterar, pois, afinal, é o nosso último dia e ele, até agora, só fez fotos formais e posadas. De ação, mesmo, ele não tem quase nada, e não foi por falta de oportunidade.

De acordo com o comandante do batalhão, hoje vamos participar das duas operações. De manhã, o recolhimento e a "limpeza" na Estrada sem Alegria; à tarde, o assalto aéreo.

Esse nome — Estrada sem Alegria — foi dado ao lugar por um escritor francês e vem do tempo em que os vietnamitas lutavam ainda contra a França. O escritor — Bernard Fall — fez um livro com esse título, narrando as dificuldades que os franceses sempre encontraram para controlar os camponeses que habitam essa região. Camponeses que plantam arroz, batata-doce e milho, mas, também, fabricam bombas caseiras e defendem a qualquer preço sua terra e suas casas. Depois de escrito o livro, e já quando a guerra era dos americanos, Bernard Fall voltou ao lugar; dessa vez não pôde mais contar nenhuma história. Pisou numa mina e morreu na Estrada sem Alegria.

Por pouco eu e Shima não perdemos a hora para ir à Estrada. A saída da tropa fora marcada para as oito horas e tínhamos entendido 8h30. Quando chegamos ao campo dos helicópteros, a

Companhia D havia partido; a nossa sorte foi que o coronel Frances, o comandante da Divisão, ia assistir ao início da operação, e seu helicóptero ainda não tinha alçado voo. Iríamos com ele. É um tipo previdente o coronel Frances. Cada helicóptero tem dois atiradores de escol, montados num assento especial existente em cada lado do aparelho. Estão munidos de metralhadora pesada com dupla fieira de balas. A fieira passa em cada um de seus ombros e ainda sobra uma pequena montanha de balas dentro do helicóptero. Os atiradores nem prestam atenção nos companheiros de viagem; só têm olhos (protegidos por óculos especiais) para o que está embaixo. Quando começam a "funcionar", a boca da metralhadora chega a ficar vermelha de tanto tiro.

Pois mesmo assim, com dois atiradores para protegê-lo, o coronel arranjou jeito de pôr sua metralhadora em condição de tiro, para o que desse e viesse. Mas não veio nada e não se deu nada.

Às 8h45 sobrevoamos o local marcado para o início da operação. A Companhia lá estava, mas havia entre os soldados uma estranha movimentação. Quando o helicóptero baixou, veio a razão: a Companhia D, antes mesmo de iniciar a operação na Estrada sem Alegria, já amargava duas baixas. Dois soldados, designados para "explorar" o terreno, tinham feito detonar uma mina e o resultado estava ali: um tinha ambas as pernas em frangalhos, o outro recebera o impacto na parte alta do rosto.

— Vai ficar cego — disse o enfermeiro. — Perdeu os dois olhos e é possível, ainda, que haja lesão cerebral.

A Estrada sem Alegria explicava o seu nome. O comandante da Companhia D, capitão Whitekind, nosso conhecido dos dias anteriores, procurava manter o moral.

— Ei, Brasil! Hoje o negócio vai estar bom pra vocês. Pelo jeito vamos dar num ninho de Charlies e fazer uma bela colheita...

O soldado americano dificilmente refere-se ao inimigo como vietcongue. Ou diz *vici* ou diz Charlie, por associação com o personagem de historieta Charlie Chan.

Os dois feridos foram levados no helicóptero-ambulância e logo a Companhia começou a andar. Ela caminhava em pirâmide e eu seguia, por orientação do comandante, na posição mais segura. Na frente iam dois a dois, os soldados — era a vanguarda. No centro iam os operadores de rádio e o comando, com a sua proteção armada. Quase no vértice da pirâmide iam os enfermeiros, o capelão, Shima e eu. Henry, um soldado de origem mexicana, caminhava na minha frente. Sua missão era manter-se informado sobre cada passo da operação, e proteger-me. Eu seguia a mais ou menos três metros dele e pisava exatamente no lugar onde ele pisava, reforçando com a minha a sua pegada. Eu caminhava, pois, com bastante segurança.

A paisagem nada tinha a ver com a guerra; até em boa consciência, ninguém podia acreditar que ali dois inimigos se batiam. Passávamos agora por uma plantação de batata-doce. Os canteiros separados uns dos outros por regos desviados de um regato estavam viçosos e bem tratados. Matinhos arrancados à mão e o fio de água corrigido aqui e ali de alguma obstrução natural indicavam que havia questão de minutos, naquela manhã, um lavrador estivera ali. Ainda eram visíveis, na areia molhada, os sinais de seus pequenos pés descalços. Tive a impressão de que íamos vê-lo, a qualquer momento, dobrado sobre uma rama de batata ou arrastando com a enxada a raiz de alguma erva daninha. Comentei a coisa com o "meu" soldado e ele duvidou:

— Decerto já foi embora. Eles vêm de madrugadinha, ajeitam a plantação e as minas e depois desaparecem.

Foi minha vez de duvidar. É difícil acreditar que as mesmas mãos que acariciam a folha tenra de batata-doce para que ela cresça na posição certa sobre o canteiro sejam as mesmas mãos que enterram as bombas de traição, as mesmas que fazem desaparecer sob a terra os fios detonadores das minas. Desde minha chegada ao Vietnã, entretanto, eu estava me acostumando a aceitar muitas coisas sem entendê-las bem — aquela havia de ser mais uma.

Os lotes de canteiros de batata eram separados entre si por touceiras de bambu. A sequência de touceiras, quase em linha reta, atuava como uma cerca natural, e não fiquei sabendo se elas representavam divisão de propriedade ou se eram apenas um recurso de defesa contra as inundações. O fato é que as moitas de bambu, que a gente tinha de atravessar de tempos em tempos, provocavam suspense e medo em cada um dos soldados. Naquele campo tão limpo e tão puro, de canteiros tratados à mão, o bambu era o perigo entrevisto. Por sua constituição natural, o bambuzal já é uma coisa confusa. As varas crescem sem rumo e muitas vezes se cruzam e recruzam entre si, dando nós e se emaranhando umas às outras. As folhas dependuradas em ramos finos e compridos formam maçarocas verdes no bambuzal, criando as mais estranhas combinações. Galhos atrofiados e sem folhas viram cipó e passeiam por aquela confusão toda, amarrando galhos, subindo nas pontas, tecendo verdadeiras armadilhas no chão. A mina colocada numa moita de bambu dificilmente será percebida. Parece que a natureza colocou o bambu no Vietnã apenas para o vietcongue usá-lo na guerra.

Quatro mercenários vietnamitas, "trabalhando" por dia para o Exército, são os nossos detectores de minas. Eles receberam treinamento especial, conhecem bem a região e por isso são considerados aptos para livrar do perigo a Companhia D. Eles caminham um pouco adiante da linha de vanguarda e vão fincando no chão placas onde se lê *danger* (perigo) toda vez que supõem ter percebido uma bomba de traição. Quando a Companhia se aproxima de uma dessas placas, um soldado de plantão desvia a reta para outro lado e a caminhada prossegue. Devemos chegar, antes do meio-dia, a uma aldeia de umas trinta casas, onde moram os camponeses responsáveis por essa e outras plantações aqui por perto. Lá será realizada uma rigorosa "operação de limpeza", através de vistoria das casas, interrogatórios e pesagem de arroz. Todos acreditam que vai ser descoberto um "ninho de Charlies", com colheita de armas e de prisioneiros. De espaço em espaço a gente passa por uma casa ou por um grupo de casas que foram objeto, antes, de "rigorosas operações de limpeza". Não são mais casas; são restos de incêndio. Algumas ainda mantêm o telhado equilibrando-se sobre um corpo vazio e devassado. Outras desabaram com telhado e tudo ou resistem sobre um único batente. Em outras, o fogo fez o serviço total, e nada sobra além de cinzas e um negrume de carvão esparramado.

A operação pesagem do arroz é muito rigorosa. Cada casa, dependendo do número de pessoas que nela habitam, pode ter em depósito certa quantidade de arroz. Os soldados chegam e recolhem todo o arroz existente na casa. Pesam-no e vem a decisão: se a quantidade está certa, muito bem, o arroz é devolvido. Se, entretanto, há mais arroz do que é permitido para aquela família, o cereal é confiscado, as pessoas da casa são evacuadas e vem o castigo maior: a casa é incendiada.

— Se eles têm mais arroz do que precisam — explicou o capitão —, é porque estão alimentando alguém que não é da casa — um *vici*. O incêndio da casa é de efeito psicológico, para os outros saberem o que acontece com quem ajuda o inimigo.

Desde que começamos a andar, hoje, já passamos por mais de vinte casas incendiadas. E não passamos por nenhuma que tivesse sido poupada ao fogo. Então, todos os camponeses daqui colaboram com o vietcongue? Ou são os próprios?

Agora já são 10h30. Sob a proteção dos caçadores de minas, que vão fincando placas de *danger* aqui e ali, a Companhia caminha, sem maiores problemas. Acabamos de sair do campo de batatas e estamos atravessando uma terra não preparada para a lavoura, uma pequena capoeira de mato baixo. Depois da primeira mina, quando ainda estávamos no helicóptero, não se ouviu nenhum outro barulho de bomba. Nem de tiro — os soldados americanos devem estar com o dedo coçando, de tanto mantê-lo junto ao gatilho sem disparar. O céu está limpo, o sol brilha, mas o calor não é forte. Uma brisa que vem do mar — ele não está longe — ajuda a manter a temperatura agradável. Quando tudo dá a sensação da mais completa paz, ouço uma explosão, seguida de gritos lancinantes entrecortados de choro. Foi na vanguarda, a uns vinte metros da minha posição. A Companhia estanca, cada um se mantém imóvel no seu posto; ouvem-se apenas os gritos dos feridos — cada vez mais altos e dolorosos — e o ruído das metralhadoras e fuzis sendo ajeitados em posição de fogo. Mas não era um ataque de inimigo. Era só mais uma mina. Os dois enfermeiros seguem em socorro dos atingidos, os gritos de dor continuam, vem uma informação:

— Dois feridos. Um deles está morrendo.

Henry e eu permanecemos parados, enquanto todo o pessoal do nosso grupo já caminhava, junto com os enfermeiros, para perto de onde estourou a bomba.

Henry propõe:

— Vamos até lá? Você talvez consiga ótimas fotos.

Eu não acho que um soldado morrendo seja uma boa foto, hesito, mas Henry insiste:

— Vamos?

— O.k., vamos!

Ele foi na frente, seguindo o mesmo caminho usado pelos enfermeiros. E eu fui atrás dele. Nem bem dei uns cinco passos quando o estrondo de uma explosão povoou inteiramente meus ouvidos. Um zumbido agudo e interminável brotava na minha cabeça. Uma nuvem negra de fumaça fez desaparecer tudo à roda e eu tive a impressão, nítida, de que a bomba explodira exatamente em cima do soldado Henry. Quando a fumaça se dissipou um pouco e eu ainda não via Henry, imaginei que ele tivesse sido projetado para longe e a essa hora já devia até estar morto. Ele apareceu na minha frente de repente, com o rosto transformado numa máscara de horror.

— Henry, você está bem?

Ele não respondeu e continuou caminhando em minha direção. Senti que estava sentado e não descobri por quê. Entrevi Shimamoto, saindo da fumaça, e ainda lhe perguntei:

— Shima, você está o.k.?

Ele trazia um cigarro aceso e tentou colocá-lo na minha boca. Não aceitei. Sentia na boca um gosto ruim, como se tivesse engolido um punhado de terra, pólvora e sangue — hoje eu sei, era o gosto da guerra. Cuspia, cuspia, mas aquela gosma amarga permanecia na boca. Então senti um repuxão violento na perna esquerda e só aí tive consciência de que a coisa era comigo. A perna esquerda da calça tinha desaparecido e eu estava, naquele lado, só de cueca. O repuxão muscular aumentava e eu quase não me equilibrava sentado; rodopiava sobre mim mesmo em círculos e aos saltos. Olhei-me de novo: abaixo do joelho, na perna esquerda, só havia tiras de pele, banhadas de sangue, que repuxavam e se arregaçavam, fora do meu controle... Lembrei-me de partes de boi no matadouro quando, penduradas nos ganchos, continuam a tremer e a repuxar em movimentos elétricos. O seccionamento da perna fora no lugar onde terminava o cano da bota, essas botas compridas e resistentes que os soldados usam. A bota tinha saltado inteira, levando pé, canela, barriga da perna, osso, músculo, pele — nem sei se era a minha uma bota no chão, de pé, amarradinha, minando sangue.[26]

26. As botas têm significado especial na Guerra do Vietnã. "Quando a 173ª Divisão organizou um funeral para seus mortos em Dak To, as botas dos caídos foram arrumadas em formação, no chão", conta Michael Herr em seu *Despachos*.

Shimamoto, sentado ao meu lado, segurava a minha cabeça, beijava os meus cabelos e repetia, chorando:

— José, ó José, ó José, como é que foi acontecer isso?

Minha boca continuava amarga, mas eu ainda não sentia nenhuma dor física. Fiz um balanço da situação: abaixo do joelho, a perna esquerda não existia mais; a perna direita permanecia inteira, mas estava empapada de sangue e temi que estivesse partida; sobre o braço e a mão esquerda havia uma placa de terra e sangue e eu não conseguia mexer os dedos; a mão direita estava boa. Senti uma coisa fria que corria da testa para o nariz, levei a mão, olhei — era sangue. Pela primeira vez ocorreu-me a ideia terrível:

— Fratura na cabeça, vou morrer!

Perguntei a Shimamoto:

— Shima, eu vou morrer?

— *No, no, no!* Você vai ficar bom, calma, calma.

Passei nervosamente a mão pela cabeça, em busca da fratura, e não achei. Mas a quantidade de sangue que escorria da perna esquerda, tingindo de vermelho os arbustos e a grama, não me deixava tranquilo.

— Henry, eu vou morrer, não vou?

— Não, José. Você vai ficar bom, você vai ficar bom.

Os dois enfermeiros da Companhia estavam cuidando dos feridos da mina anterior à minha — eu não ouvia mais os gritos. Shimamoto e Henry tratavam de mim, mas só davam "assistência moral". Shima acomodou minha cabeça no seu colo, para que eu não ficasse olhando a perna esquerda, e Henry procurava distrair-me conversando. Eu não conseguia pensar noutra coisa e nem falar outra coisa a não ser "vou morrer". De uma hora para outra, o gosto amargo na boca e o mal-estar aumentavam violentamente — era a dor. Começou aos pouquinhos, e logo tomou conta de mim. Era asfixiante e total. E eu gritava:

— Socorro, socorro! Preciso de morfina!

Não vinha ninguém e eu gritava de novo:

— Socorro, socorro! Morfina, eu preciso, eu preciso!

O capitão Whitekind foi quem apareceu primeiro, pois os enfermeiros tinham ainda muito trabalho com os outros feridos, um deles terrivelmente mutilado: perdera as duas pernas e os dois braços. Sem nenhum equipamento médico ou de enfermagem, o capitão deu uma de mocinho de cinema: arrancou o próprio cinto e com ele fez uma laçada na minha perna esquerda. Apertou o mais que pôde e, em seguida, com a faca, cortou um pequeno arbusto, desbastou-o o enfiou-o na laçada, entre o cinto e a pele. Fazendo do graveto um garrote, torneou-o bastante para que funcionasse como estancador de sangue. Vi Shimamoto tomando distância para me fotografar, e tive raiva: o desgraçado disse que ia arranjar fotos dramáticas e arranjou mesmo. Enquanto o capitão Whitekind estava em luta com a minha perna, um dos enfermeiros, perdida a batalha para salvar seu ferido, correu para mim. Era um preto alto, forte, e estava com a testa brilhando de suor. Vinha excitado e nervoso. Demorou para achar num dos bolsos de couro em volta da cintura a caixinha de plástico com a seringa já pronta com morfina. Achou-a por fim e tentou sofregamente cortar o envoltório com os dentes, mas não conseguiu. Pediu então a faca do capitão e, com ela, rasgou o plástico e apanhou a seringa. Apontou-a na coxa direita, sobre a calça, e injetou a morfina de um golpe só.

Perdi os sentidos.

Quando voltei a mim, o gosto na boca era o mesmo, mas a dor tinha ido embora. Estava deitado na relva, com a cabeça apoiada no colo de Henry. A perna direita encanada, com dois paus; a esquerda protegida com um chumaço de gazes no lugar do corte. O braço esquerdo ficara como estava e agora eu via melhor quanto ele tinha sido queimado.

A poucos metros de mim, pousou o helicóptero com a cruz vermelha nas portas. Shima, Henry e o capitão Whitekind tentaram carregar-me, mas não deu certo. Veio a maca e fui para dentro da ambulância voadora. A posição em que me colocaram no helicóptero não permitia que visse os dois soldados que seguiam comigo, mas tinha certeza de que a situação de ambos era bem pior que a minha. Um já estava morto; seu corpo seria congelado, envolto em plástico e mandado com escolta de honra para os Estados Unidos, no prazo máximo de três dias — como tinha garantido o major. O outro, sem as duas pernas e os dois braços, talvez viesse a sobreviver. Mas, se sobrevivesse, quanto não seria dura sua vida agora?

Foi até amena a viagem para o hospital. De bruços, eu não podia ver nem uma perna nem outra. O barulhinho do motor do helicóptero, o efeito da morfina e a brisa gostosa que me banhava o corpo criavam um efeito fantástico para aquilo tudo. Comecei a pensar que todas as ideias que me haviam passado pela cabeça, na Estrada sem Alegria, não correspondiam exatamente à verdade. Eu vi, de fato, uma bota com um pé dentro, minando sangue, mas quem garante que eram a minha bota e o meu pé? Fiz um reexame da situação. A perna direita estava lá, pois eu a percebera no contato com a maca. A esquerda também estava, ainda mais que eu sentia todos os dedos do pé esquerdo e até podia coçar um com os outros, e até roçá-los na outra perna. Os dois braços estavam intactos e a cabeça também; logo, aquilo não passava de um sonho ruim, um pesadelo besta. Quando tudo voltasse ao normal, eu havia de dar boas risadas por tão grande susto.

Quando, já sobre a entrada do hospital, o helicóptero parou no ar para começar a descida, o estado de torpor desapareceu, com o bafo de calor do meio-dia que envolvia tudo. O impacto do aparelho tocando o chão balançou-me o corpo e eu senti dores por todos os lados. O pesadelo continuava. Dois homens desatarraxaram a maca e começaram a transportar-me para dentro do hospital. O sol ardia e eu não podia erguer a cabeça, pois receberia os raios nos olhos. Um homem me acompanhava, falando e falando. Quando percebi que era comigo, demorei a entender o que queria. Era um padre, perguntava se eu ia me confessar:

— Obrigado, padre, não sou católico.

Ele insistia:

— Numa hora dessas, meu filho, isso não tem importância...

A ideia então voltou:

— Meu estado é ruim, vou morrer!

Entrei no hospital, rasgaram o que restava da minha roupa, fui radiografado, fotografado, fichado e depois levado por um corredor escuro. Ouvi uma voz sumida:

— Não se preocupe, agora você vai dormir um pouco.

Acordei num quarto, o braço esquerdo enfaixado, o rosto limpo e barbeado, o corpo coberto da cintura para baixo, com dois brasileiros ao meu lado: Luís Edgar de Andrade,[27] cearense que fez carreira no Rio, bom jornalista e bom amigo, e Rogério Corção, representante diplomático do Brasil no Vietnã, também um boa-praça.

O bom humor tinha voltado e eu estava quase tranquilo. Corção falou primeiro, tentando me consolar:

---

27. Um dos principais jornalistas brasileiros de sua geração, Luís Edgar de Andrade (1931-2020) foi por conta própria cobrir a Guerra do Vietnã, em 1967. Ele trabalhou nos mais influentes veículos brasileiros, tendo sido editor-chefe do *Jornal Nacional*, da TV Globo. Foi também colunista d'*O Pasquim*. Em junho de 2002, lançou pela editora Objetiva o romance *Bao chi, bao chi*, no qual dedica um capítulo à visita que fez ao ferido José Hamilton Ribeiro — que no livro aparece com o nome de José Airton Rodrigues.

Bao chi eram as palavras que os vietnamitas usavam quando queriam chamar a atenção de jornalistas para algum fato importante, e também eram as palavras que os jornalistas gritavam para identificarem a sua profissão em momentos de perigo.

— Viu, Ribeiro, seu problema é só no lado esquerdo — a perna e o braço. Se fosse no direito seria pior, não é mesmo?

— O diabo — respondi brincando — é que eu sou canhoto!

Luís Edgar pediu uma entrevista e me perguntou o que eu achava de ter perdido a perna esquerda.

— Quando eu tinha dez anos, andei quase um ano de muleta por causa de uma espécie de tuberculose óssea nessa perna. Nunca mais ela acertou o passo, e era até mais fina que a outra. Acho que ela já foi tarde...

A subvalorização do que me tinha acontecido e mesmo a imprevisão dos dias que me esperavam — seriam os quinze dias mais dolorosos e infelizes da minha vida — iam ser-me explicadas algum tempo depois por um médico, ainda no Vietnã. Quando o corpo humano perde abruptamente uma de suas partes — disse ele —, as glândulas suprarrenais, "mal-informadas" do que aconteceu, registram o déficit orgânico, atribuem-no a alguma crise passageira e passam a trabalhar em regime de safra açucareira para compensar, com uma superprodução de seus hormônios, a engrenagem do corpo que está em deficiência. Essa produção excessiva de adrenalina, acrescida do efeito da morfina e de outros psicotrópicos usados para mascarar a dor, leva a um estado de falsa euforia, e dura até o momento em que as suprarrenais, conformadas com a nova situação, desistem de compensar o déficit orgânico e voltam à sua produção normal. Aí, então, a parada é dura, pois mesmo a morfina não fará mais efeito como nos primeiros dias, além de atrapalhar o estômago e provocar vômitos e tontura. Entra a fase de depressão profunda, a fase em que a felicidade pode ser claramente definida: felicidade é a capacidade de não sentir dor e de poder tomar duas colheres de sopa!

Quando, então, eu vou poder comer um bife?

Estrada sem Alegria, 20 de março de 1968: José Hamilton Ribeiro recebe os primeiros socorros após ter pisado em uma mina. "Senti na boca um gosto ruim."

21 DE MARÇO
Era um *vici*, com certeza

O médico me disse ontem que meu estado era satisfatório. Ficaria só uns poucos dias no hospital e depois, já nos Estados Unidos, com um mês estaria bom. Quis ser gentil comigo, me enganando desse jeito, mas a mentira teve perna curta. O dr. Jung, médico da Landing Zone Betty, a base onde eu estava "servindo", todo dia conversava comigo sobre o Brasil — seu sonho é morar no Brasil —, e com isso ficamos amigos. Hoje veio me visitar e abriu o jogo: este hospital — o 22º de Cirurgia — é só de primeiros socorros. Bastava eu reparar nas paredes de lona e na precariedade das instalações. A "operação" a que me submeteram ontem só teve objetivo antisséptico e de diagnóstico. Amanhã serei transportado para o hospital de Nha Trang e lá, sim, é que o tratamento de verdade começará. Outras operações? Por certo, mas isso não é dramático, pois os cirurgiões que servem no Vietnã são recrutados entre os melhores médicos — civis — dos Estados Unidos. Estarei sempre em boas mãos.

O dr. Jung me dissera antes que "não conseguia engolir essa guerra". Agora acrescenta:

— Eu não aguento mais. E até parece castigo: é só fazer camaradagem com um soldado, acontece alguma coisa com ele. Agora você...

Junto com o dr. Jung veio o Peter, soldado que toma conta da farmácia da Betty. Um pesadelo persegue esse Peter: toda noite ele sonha que o vietcongue assaltou de madrugada a base, as sentinelas estavam dormindo, e os Charlies então cortaram a cabeça de todo mundo. Peter diz que seu pânico vem desde o dia em que, participando de uma batalha, como enfermeiro, ficou a certa altura tomando conta de dois feridos numa casinha isolada, enquanto a batalha continuava, em outra direção. Em dado momento, a ação mudou de rumo e um grupo de soldados americanos, julgando que aquela casinha tinha sido ocupada por inimigos, atacou-a com lança-chamas.

— Quando senti a onda de calor sufocante, e as labaredas lambendo o teto de palha — diz Peter —, percebi que íamos morrer assados. Saí pela porta dos fundos e, por pouco, não fui atingido por uma rajada de balas. Caminhei até um ponto seguro e de lá fiquei assistindo, aparvalhado, à casa desaparecer, com meus dois amigos lá dentro.

Depois dessa, Peter não serviu mais para nenhuma operação. Seu medo raia a psicose. Em toda base, há abrigos para onde os soldados correm quando há ataque de morteiros. Os abrigos são buracos no chão, protegidos com sacos de areia, sem nenhuma condição para viver. Pois o Peter tanto fez que conseguiu autorização para que se construísse para ele um abrigo individual, onde dorme toda noite e onde passa a maior parte do dia enquanto não está em serviço. Se chove, o abrigo empoça a água, mas nem assim Peter o abandona.

— Tenho dois filhos, companheiro. E choro só de pensar que posso morrer bestamente aqui e deixar os guris sem pai lá nos Estados Unidos...

* * *

Depois que Peter e o dr. Jung se vão, volta a dolorosa monotonia do hospital. A única nota diferente é um ferido que chegou hoje e que, delirando, canta estranhas canções. Há horas em que grita. Um enfermeiro me conta que se trata de um *vici*, metralhado durante a operação de limpeza numa aldeia aqui perto. Levou muitos tiros e parece não haver grandes possibilidades de ser salvo.

No fim da noite, a história desse vietcongue já tinha se alterado. Ele reagiu ao tratamento e está fora de perigo. Analisando documentos que o homem carregava e interrogando-o rapidamente, o Serviço de Inteligência do Exército chegou à conclusão de que não se tratava de um vietcongue, mas apenas de um civil. Se tivesse morrido, seria certamente mais um *vici* abatido, e isso me traz à lembrança uma definição muito apropriada para essa guerra sem inimigos visíveis: "Vietcongue é um vietnamita morto".

Quando, num ataque aéreo, os aviões americanos bombardeiam uma posição suposta ou realmente ocupada pelo vietcongue, faz-se determinado número de vítimas. Findo o ataque, vêm as forças de terra para "conferir" o estrago. E encontram, por exemplo, vinte cadáveres. No boletim militar do dia vem lá a informação: "Foram abatidos vinte inimigos no curso de um ataque a uma posição vietcongue".

Os mortos são todos rotulados de vietcongues. Não importa que entre eles haja uma velha de oitenta anos, um doente que estava preso à cama ou duas ou três crianças. É vietnamita, morreu de bala ou de bomba, está caracterizado: *vici*.

Um major de Camp Evans disse com franqueza:

— Nós só temos um jeito de saber quando um vietnamita é realmente um vietcongue. É quando o vemos com armas de guerra, atirando contra nós. Fora dessa situação, que é bastante rara, não temos segurança nenhuma. Nada difere um camponês de um combatente — como poderemos saber que se trata de um ou de outro?

Em certas regiões do Vietnã, e conforme a hora do dia, é muito perigoso ter entre catorze e cinquenta anos. A coisa funciona assim: uma companhia americana escolhe ao acaso uma aldeia de camponeses para uma "visita". Chega de surpresa e prende todo mundo dentro de casa. Com os velhos e as crianças nada acontece, mas todas as pessoas entre catorze e cinquenta anos são detidas para interrogatório minucioso e, conforme o caso, torturoso. A regra é simples: pessoas adultas, durante o dia, teriam que estar no campo, trabalhando. Se estão em casa é porque são *vici*, e se encontram ali para fazer propaganda, obter ajuda, combinar assaltos ou fabricar bombas caseiras. Serão tratadas como inimigos até provar o contrário. E provar como?

Há outra definição de vietcongue que é bastante aplicada pelos soldados americanos. Esta: "Diante de nós, quem corre é porque tem medo: é *vici*". Isso se dá em todas as operações de reconhecimento e de "limpeza", em aldeias, cidades pequenas, zona rural. Os soldados chegam de surpresa e esperam que todos se mantenham tranquilamente em suas posições. Quem, de maneira brusca, tenta mudar de local, cai baleado. Primeiro se atira, depois se vai ver quem é. As grandes vítimas dessa tese genial são as crianças. Elas estão brincando na areia de uma rua da sua aldeia, na maior calma possível. De repente, surgem diante de seus olhos dezenas de soldados, armados até os dentes. A única reação que se pode esperar é que saiam correndo, para junto dos pais, em busca de segurança. O soldado bem colocado, em condição de perceber que se trata de uma criança, se contém, mas um outro, sem bom ângulo de visão, percebe alguém correndo, lembra da definição e dispara. Está feita a desgraça.

Uma variação dessa tese é usada, em tempo de batalha, pelos

atiradores de helicóptero: "Embaixo, o que se mexe é inimigo: fogo!". Como caçar helicóptero é um dos esportes favoritos do *vici*, a ordem é cumprida à risca, pois muitas vezes a vida é de quem der no gatilho primeiro — ou o metralhador do helicóptero ou o vietcongue lá embaixo. É verdade que assim já foram metralhadas lavadeiras, búfalos, crianças, porcos e até galinhas, "mas isso é da guerra"...

Sir Robert Thompson[28] disse que certos militares americanos consideram a Guerra do Vietnã "uma oportunidade de se dedicarem à caça de animais de grande porte, com os helicópteros do governo"...

Quando eu estava em Saigon, antes de vir para o front, acompanhei pelos jornais da capital uma batalha interessante que durou três dias. Um grupo de helicópteros americanos descobrira uma manada de elefantes na floresta e, julgando tratar-se de alguma manobra do vietcongue, incumbiu-se de acabar com ela. Ao fim do terceiro dia, tinham sido metralhados sete elefantes entre machos, fêmeas e filhotes.

Como todo jornalista que vai ao Vietnã, eu também mantive aceso o interesse de ver, entrevistar, fotografar, falar com um vietcongue. O recurso de visitar um campo de prisioneiros, e ali conhecer e entrevistar vários deles — sabendo de antemão que tudo o que disserem estará condicionado à sua situação na prisão e ao desenvolvimento da situação lá fora —, esse recurso eu tinha deixado como último cartucho. Acabaria indo de qualquer maneira,

---

28. O britânico sir Robert Grainger Ker Thompson (1916-92) foi um especialista em combater a guerrilha em áreas rurais. Ele trabalhou como consultor dos sul-vietnamitas e americanos no Vietnã.

para fixar a imagem de alguns desses que são considerados os melhores guerrilheiros do mundo. Mas tentava chegar até eles por outro caminho, a fim de vê-los em plena liberdade e em plena ação. Através de uma pessoa, a quem levava uma apresentação de Paris, marquei encontro com outra, a quem não conhecia, num bar. A horas tantas o personagem chegou:

— Sr. Ribeiro?

— Sim. Eis minha identidade.

— É perigoso. O senhor indo, pode não chegar. O senhor chegando, pode não sair. E o senhor indo, chegando e voltando, estará sempre em perigo. Não convém, não interessa, não convém.

Muito tenebroso, falando assim. Sugeri que fôssemos ao meu quarto no hotel e conversássemos tranquilamente. O homem não tinha tempo. O negócio era este: ao redor de Saigon, num cordão de às vezes apenas algumas dezenas de quilômetros, há vários postos do vietcongue. São postos subterrâneos, onde se concentram armas, munições, combatentes e até se imprimem jornais. Os subterrâneos do vietcongue são a coisa mais fantástica, quase lendária, desta guerra, e poder ver e fotografar um deles, em pleno funcionamento, mexe com a cabeça de qualquer um.

Mas o estranho personagem, no bar, não facilitava a conversa. Não tinha tempo, não tinha gosto, não esclarecia nada — parecia estar cumprindo uma penosa obrigação. E queria ir logo embora. Consegui apenas o seguinte: quando eu voltasse do front, falaria de novo com meu contato, eles se entenderiam entre si, e então me trariam uma resposta concreta: pode ou não pode. Podendo, esteja às dezesseis horas em frente ao número tal da rua tal, assim, assado e pronto. Certo?

— E dinheiro, vai custar algum dinheiro?

— Isso não é comigo. Adeus.

— Adeus!

* * *

Agora, aqui no hospital, sinto que nunca mais voltarei a ver aquele personagem. Será que a coisa teria dado certo? Em Saigon aparecem tipos que dizem arrumar tudo, desde que saibam que do outro lado há dólares. Um funcionário de hotel ficou de me comprar um cachimbo de ópio. Compraria mesmo? Como é que eu posso saber agora?

De qualquer forma, guardo a impressão de ter conhecido um vietcongue. Tenho ainda nítida na memória a sua testa saltada, os olhos oblíquos, a voz esganiçada e os dentes bons, mas poucos, falhados. Era o dia 12 de março, uma segunda-feira. Desde que amanheceu, a cidade tinha alguma coisa no ar. Os policiais, mesmo os do trânsito, estavam de capacete de aço em vez dos seus quepes habituais. Comboios militares cruzavam barulhentamente as ruas; algumas interditadas. De tarde veio a informação: grupos de vietcongues estavam tomando posição no bairro de Ly-Thái-Tó e era iminente uma grande batalha. Saigon vivia ainda o clima da ofensiva do Tet e ninguém estava seguro em lugar algum.

Com o meu amigo Nguyen — que dava um plantão de 24 horas por dia ao meu lado — tocamos para o bairro Ly-Thái-Tó, tão perto do Centro como a Mooca em São Paulo ou a Lapa, no Rio. Um batalhão de *rangers* do Exército sul-vietnamita já tinha cercado um quarteirão, colorindo as ruas com seus uniformes-camuflagem, de usar na floresta. Uniforme de floresta, para brigar na Mooca? Isso mesmo.

E logo chegaram os coreanos, uns 150 deles, todos agitados e nervosos para sustentar, junto à população, uma imagem que lhes é cara: a imagem de que batem duro, não apalpam, matam mesmo. E começou a caçada ao *vici*. Grupos de dois e três soldados chegavam numa casa, punham para fora todos os moradores e depois reviravam tudo: armários, baús, forro, telhado, corredores, folhas de zinco. Numa casa bem perto de nós — mulheres, crianças, velhos juntaram-se numa pracinha para assistir ao show, e nós estávamos juntos —, dois soldados "descobriram" alguma coisa no quintal, vieram buscar reforço e destruíram o que parecia um esconderijo vietcongue. Mas era apenas a latrina da casa. Meu amigo Nguyen não perdoou:

— Eles vêm caçar vc e só acham wc...

O calor estava danado, mas a "torcida" aguentava firme. Eram mais ou menos cinco horas quando um garoto começou a rodear a gente, espiando, espiando. Depois sumiu. Voltou em seguida e falou com Nguyen. Quando se afastou de novo, Nguyen me contou. O garoto queria saber quem era ele, quem era eu, o que estávamos fazendo ali, por que a minha máquina. Nguyen respondeu tudo direitinho.

— É certo, então, que ele não é americano?

— Certo.

Daí um tempinho o garoto voltou outra vez. Agora trazia, numa pequena bandeja, um copo grande de bebida com três ou quatro pedras de gelo quase submersas.

— É para você, Hamilton — disse Nguyen.

— Para eu beber? De que se trata?

— Chá, chá gelado.

O garoto plantara-se à minha frente, com a bandeja na mão. Olhei para a direção de onde ele tinha vindo, mas não percebi ninguém, mesmo porque ele tinha dobrado uma esquina. Recorri a Nguyen:

— Se fosse para você, você beberia?

— Sinceramente, não sei...

— Você acha que eu devo beber?

— Não digo nada, faça o que você quiser.

— Esse tipo de oferecimento é comum aqui?

— Não, não é comum, não.
— E então?
Nguyen fez um gesto de que não estava entendendo nada, o que não concorreu para quebrar minha indecisão. O garoto ali, de pé na minha frente. Várias pessoas tinham deixado de acompanhar a caçada ao *vici* e estavam de olho na cena do copo de chá. Concluí rapidamente que inimigo não manda flores, nem chá, e passei a mão no copo. Tomei o chá aos pequenos goles, saboreando, porque estava gostoso mesmo. E resolvi não dar importância ao incidente, chamando a atenção de Nguyen para detalhes da caçada, pois o número dos paqueradores do "caso do copo de chá" estava aumentando e aquilo me constrangia cada vez mais. A manobra deu certo e em pouco tempo ninguém ligava mais nem para mim nem para a minha bebida. Quando o chá acabou, e eu devolvi o copo, o menino disse a Nguyen:
— O homem que mandou o chá agora quer falar com vocês.
Segundo ponto de dúvida. Vamos? Não vamos? Não será arriscado seguir esse garoto, sabe lá onde é que ele vai levar a gente?
Tentei sair pela tangente.
— O homem fala francês?
— Fala — respondeu Nguyen traduzindo o garoto.
— Ora, bolas, então vamos, que é que tem?
Seguimos o menino. Ele deixou o copo numa casa e seguimos para outra, onde éramos esperados: um misto de empório e bar. O homem estava sozinho, numa mesa. Cumprimentou-nos com sorrisos mas recusou-se a falar francês. Disse que não tinha segurança no idioma e que falaria mesmo em vietnamita. Foi o que fez, só que a toda hora corrigia a tradução que Nguyen me fazia. Falou pouco, seguro, e depois não quis responder a nenhuma pergunta. Falou do mal que a ocupação estrangeira faz a um país e que o povo só é digno da sua terra quando luta por ela e sabe defendê-la. O povo vietnamita está lutando só por uma coisa: ser dono da sua casa, e livre, dentro dela.

Deitou pregação nessa faixa e, por fim, arrematou:

— Quanto ao chá, é para o senhor saber que não temos nada contra o estrangeiro. Todo aquele que vier por bem será bem recebido pelo povo.

Quando saímos do empório, voltando para a "caçada" — ela estava quase no fim e haviam prendido apenas um rapaz por estar sem documentos —, Nguyen tinha os olhos arregalados e mostrava-se perplexo:

— Hamilton, juro pela minha alma como aquele homem é um *vici*! Um *vici*, Hamilton, um *vici*!

22 DE MARÇO
A caminho de Nha Trang

O dia hoje começa muito mal. Sinto dores, mal-estar, não ajeito posição na cama e nem aparece um filho de Deus que eu conheça e com quem possa conversar. E pra danar ainda mais, hoje vou ser transportado, de avião, para Nha Trang,[29] a um mundão de quilômetros daqui.

Às oito horas sinto o calor que vai fazer no resto do dia. O sol bate nas paredes de lona do hospital e elas irradiam um calor bárbaro cá pra dentro. Lá fora a coisa deve estar fervendo.

Começa a operação mudança: tiram-me da cama e me põem na maca. Deitado de costas, faço o trajeto do hospital para o avião de olhos fechados — abri-los é enfrentar o sol de frente e não há quem resista a isso. O avião já está semicarregado e armam a minha maca à meia altura, do lado direito. O calor ali dentro é abafante. Peço água, mas dizem para esperar o voo, quando o enfermeiro de bordo me atenderá. Sinto que estão armando outra

---

29. Famosa por suas praias, na costa meridional da tripa do Vietnã, onde estava estacionada a 1ª Força de Campo do Exército americano.

maca ao lado da minha. Mal-humorado, nem me interesso por ver quem é esse vizinho quase encostado a mim. Fico resmungando a minha ranzinzice de olhos fechados. Só quando o avião ganha equilíbrio na altura e o ar interno é ligado, é que o calor desaparece, e me sinto com coragem de abrir os olhos. E abri-los e levar o maior susto. O meu vizinho, a poucos metros de mim...

Que quadro horroroso! É um americano, está ainda fardado e de meias. A explosão foi no rosto. Uma bomba. Onde havia boca e nariz, há agora uma abertura só, precariamente suturada com pontos cirúrgicos. Um dos olhos foi arrancado da órbita e está para fora, como que amarrado. Ele dorme um sono pesado. O certo seria fechar os olhos e apagar de vez a dramática imagem da mente, mas não consigo. Quem será esse rapaz? Que é que ele queria ser na vida? Será que tem namorada? E seu rosto, como é que vai ficar, se ele não morrer? Com tais pensamentos, faço justamente o contrário do que devia — não tiro os olhos do seu rosto descarnado e confuso.

E o homem acorda. Tenta erguer-se, não consegue — está amarrado. Agita-se, bate os pés. Volta-se para mim, aproxima a cabeça o mais que pode da minha, e tenta falar alguma coisa. Gotas de sangue espirram no meu rosto. O enfermeiro vem, tenta acalmá-lo, amarra-lhe melhor a cabeça e depois fala comigo. Quero água, ele traz. Meu vizinho está ainda excitado e se debatendo. O enfermeiro aplica-lhe uma injeção, e logo ele volta a dormir. Daí a pouquinho o avião começa a descer. Quando rola na pista, o calor abafante volta como se fosse nos cozinhar. Consolo-me com o fato de já ter chegado — a viagem até que foi rápida —, mas quando, ao invés de descerem feridos, começam a subir outros, pergunto a alguém:

— Então, aqui não é Nha Trang?

— Nha Trang? Ainda temos duas outras escalas antes de chegar lá...

Santo Deus! De hoje eu não passo; muito menos passará esse rapaz aí do meu lado. E a impressão que se tem nessas ocasiões é sempre a de que todo mundo está fazendo hora, tudo pronto e eles ficam conversando bobagem em vez de voar. Meu mau humor aumenta. Só de noite é que chegamos ao 8º Hospital de Campo, em Nha Trang. Eu me sentia o mais desgraçado dos homens.

23 DE MARÇO
Um salão de horror

Levam-me logo cedo para a cirurgia — dessa vez operam mesmo a perna esquerda — e só acordo de tarde. Está me deixando cada vez mais azedo esse trinômio de que não consigo escapar: dor, morfina, náuseas. Com a morfina racionada, só gozo os seus efeitos durante mais ou menos duas horas após cada uma das três picadas diárias; o resto é dor e enjoo, e essa incapacidade total de comer o que quer que seja. Experimento fumar um cigarro, mas não sinto nenhum gosto e só tontura. Nada está bom. Essa televisão ligada o dia todo, em alto volume, passando filmes de violência e humorísticos idiotas, me esgota a paciência.

Os americanos montaram cinco estações de televisão no Vietnã, para "distrair e informar" seu pessoal. Como só passam tapes feitos nos Estados Unidos, a programação é quase a mesma do Brasil: *Combate, Bonanza, Agente da Uncle*[30] etc. Em Saigon há duas emissoras: uma transmite em inglês, e vai até meia-noite, a

---

30. Séries de TV americanas que, dubladas, passavam nos canais de TV aberta brasileiros na década de 1960.

outra em vietnamita, e sai do ar às dez. Em nenhuma das duas há propaganda comercial; só mensagens políticas. Entram em cadeia quando há algum pronunciamento importante. Como a televisão não consegue me interessar, arranjo um passatempo bem de acordo com as circunstâncias: escalar a seleção dos "Dez mais desgraçados do hospital". O meu ex-companheiro da Companhia D, cuja desgraça foi a causa da minha — a bomba estourou em mim na hora em que eu ia fotografá-lo —, é candidato importante. Sem as duas pernas e, dos braços, só com um pedaço do direito, ele está sempre coberto, estranhamente pequeno e resignado. Ainda não surpreendi nele um gesto, uma reclamação, nem mesmo uma lágrima nos olhos sempre abertos. Parece que confia em alguma coisa, não posso imaginar no quê.

O vietnamita bem em frente da minha cama seria também um bom candidato, se fosse um ferido mais novo. Pela gravidade do estado, estaria na seleção, mas por estar aqui há quase um mês, não sentir mais dor e comer bem, acho que fica desclassificado. Foi ferido por uma explosão na parte baixa do corpo, como se tivesse sentado numa bomba. Evacua e urina através de sondas, tubos e há qualquer coisa com as suas pernas, pois elas estão o tempo todo amarradas para cima. Ele passa o dia com um baralho e já faz misérias com as cartas; talvez pense ganhar a vida assim, depois.

Mais um americano para a seleção: é um *marine*. Com fratura de crânio, passa as 24 horas do dia amarrado pela cabeça sem poder se mexer. Só move os olhos. De seis em seis horas, muda de posição — ala norte do hospital, ala sul, ala norte, ala sul... Que vida!

Interrompo minha lista por causa de uma gritaria infernal que vem de uma cama atrás de mim. É Kim-Thien, uma menina de catorze anos que todos os dias, na hora dos curativos, grita desesperadamente. Um enfermeiro me conta sua história: soldados americanos realizavam "operação de limpeza" numa aldeia e a menina estava na rua. Quando viu aquele aparato todo, saiu correndo para alcançar sua casa. Os soldados cumpriram a ordem: "Diante de nós, quem tenta fugir é *vici* — fogo". A menina caiu, ferida em vários lugares. Apesar da idade, foi feita prisioneira e submetida a longos interrogatórios. Fora dos momentos de curativos, agora, tudo o que ela faz é brincar com as bonecas que a Cruz Vermelha lhe deu. Acho que os americanos estão começando a desconfiar que é meio difícil ela ser um perigoso vietcongue.

Procuro me informar sobre o rapaz que teve o rosto destroçado; a notícia é a pior: morreu.

De repente, fico conhecendo a figura mais dramática do hospital. É um *montagnard*, vietnamita das montanhas. Baixinho, os pijamas americanos do hospital lhe caem mal; lembra tragicamente um espantalho de arrozal. Uma vez por dia empurram-no pelo corredor, para fazer exercício; é um espetáculo macabro. Uma perna está mais comprida que a outra e ele saltita perigosamente, ameaçando cair. Os braços estão escondidos sob uma volumosa bandagem, e tem-se a impressão de que foram decepados pela metade. Não pode usar camisa. Da cintura para cima, inclusive a cabeça, sua pele é tostada e quebradiça. É vermelho da cor do tomate e não tem cabelos.

— Foi napalm — diz-me um médico.

Pois esse boneco, assim desgraçado, quando passa saltitando diante da minha cama, me olha e ri.

Há mais um para a lista. É outro americano, apelidado de Robô. Ele empurra um carrinho, com tampa de vidro, onde o sangue borbulha. Um compartimento de plástico transparente liga sua barriga ao carrinho — é um pulmão artificial. Um enfermeiro acompanha com dois tubos de sonda. E outro enfermeiro fica observando-o, para ver se alguma coisa para de funcionar. O olhar do Robô não é o de um ser humano.

O menino Van-Thanh é o mascote do hospital. Tem só seis anos, está com a perna engessada e não se movimenta sozinho.

Todos, funcionários e feridos, fazem de tudo para Van-Thanh se sentir bem, rir, brincar. Tem bom gênio, o Van-Thanh. Às vezes, entretanto, inexplicavelmente, cai num choro sentido, de horas e horas, sem que ninguém possa fazê-lo parar. Os pais e os irmãos de Van-Thanh morreram na guerra.

Desisto da lista dos desgraçados. Como é que eu posso saber quem é que sofre mais? Tem dosagem a dor humana? Talvez o soldado que lança, por obrigação militar, a bomba de napalm sobre uma casa acabe sofrendo mais, intimamente, do que as próprias vítimas da bomba. Esta guerra é muito estúpida, não adianta ficar medindo a dor de um e de outro, importa é acabar logo com ela. Fico pensando em alguns fatos que já aconteceram nesta vergonhosa Guerra do Vietnã.[31]

1. Wilfred Burchett, jornalista australiano, cita um ataque aéreo americano numa região do Vietnã do Norte quando se despejou uma bomba para cada sete pessoas.

2. Arthur Schlesinger Jr.,[32] historiador americano, registra

---

[31]. A fase americana da Guerra do Vietnã havia começado três anos antes. Após vencer os franceses, que dominaram a Indochina por quase um século, os partidários do líder comunista Ho Chi Minh tiveram de aceitar, por ingerência internacional, a divisão do Vietnã em dois países. Ao norte, capital Hanói, ficou a República Democrática do Vietnã; ao sul, capital Saigon, a República do Vietnã, formalmente um país democrático. Era uma divisão artificial e desde o começo se sabia que um lado engoliria o outro; a questão era só uma: qual? O Sul contava com o apoio americano (e de alguns outros países), sob a racionalização da "Teoria do Dominó": se o Vietnã do Sul cair em poder dos comunistas, atrás dele cairão o Camboja, o Laos, as Filipinas, a Indonésia, a Tailândia, e tudo o mais em torno do mar da China e além. O Norte tinha apoio da URSS e da China. (N. A.)

[32]. Arthur Meier Schlesinger Jr. (1917-2007) foi um dos mais influentes intelectuais americanos, teve o seu livro *Vietnã: Herança trágica* publicado no Brasil pela editora Ibrasa, em 1967.

que os Estados Unidos lançam por mês, no Vietnã, mais tonelagem de explosivos do que fizeram cair, mensalmente, em toda a Europa e África, na Segunda Guerra Mundial.

3. Moshe Dayan,[33] o general israelense, assistiu aos americanos lançarem numa clareira da floresta vietnamita 21 mil bombas de apoio. Ficou perplexo; eram mais bombas do que Israel tinha usado em duas guerras: a da Independência e a de Suez.

4. Neil Sheehan,[34] do *The New York Times*, estudando o bombardeio indiscriminado de aldeias no Vietnã, chegou à conclusão de que muitos deles ocorriam por causa de dois fatores: a) as autoridades sul-vietnamitas os solicitam para "mostrar serviço"; b) os americanos os executam porque têm aviões e bombas demais.

5. Pilotos americanos descobriram que numa ilha perto de Hanói havia uma bateria antiaérea que, de vez em quando, disparava contra seus aviões. Promoveram tamanho bombardeio na ilha que ela afundou para sempre no oceano. Com gente, cavalo, cabrito, galinha — tudo o que estava em cima.

E todos gostam de citar, por aqui, as barbaridades e violências do vietcongue, quer contra americanos, quer contra sul-vietnamitas.

---

33. O mais famoso militar israelense, Moshe Dayan (1915-81), que era ministro da Defesa de Israel durante a Guerra dos Seis Dias, atendeu o convite de uma publicação para acompanhar, em 1966, como correspondente, as ações americanas no Vietnã. Ele acompanhou um grupo de Boinas Verdes, tropa de elite (operações especiais) americana dedicada a enfrentar a guerrilha vietcongue.
34. Cornelius Mahoney Sheehan (1936-2021) foi o repórter que deu um dos furos mais importantes da história do jornalismo americano, no episódio que ficou conhecido como os "Papéis do Pentágono". Os papéis revelavam os movimentos sigilosos do Departamento de Defesa americana sobre a guerra no Vietnã — guerra que ele havia coberto como chefe do escritório da UPI em Saigon. O *New York Times* ganhou na Suprema Corte americana o direito de publicar os documentos secretos.

24 DE MARÇO
O começo do pesadelo

É o quarto dia após a bomba e ainda não consegui comer. A simples visão das bandejas, com aqueles bifes pretos feitos de carne em pó e as omeletes viscosas derramando um caldinho branco, me leva ao vômito. A minha posição única já me faz doer as costas e, pior ainda, sempre que tento me mover, sinto sangue na cama, o que aumenta meu mau humor. E não apareceu um único conhecido para falar comigo. Sinto-me cada vez mais fraco, mais abandonado, mais sozinho, uma angústia amarga vai tomando conta de mim — temo que acabarei morrendo, minguando de perder sangue e não comer, até apagar completamente. Não recebi, até agora, nenhuma notícia do Brasil, e imagino que lá ninguém ficou sabendo de nada. O temor aumenta: vou morrer aqui nesta joça, serei um cadáver a mais, anônimo e não procurado, da guerra. Merda!

O pensamento vagueia às tontas. E eu procuro rememorar as origens dessa aventura, tão dolorosa e tão infeliz — pelo menos agora. Em novembro de 1967, o diretor da revista *Realidade* entrou na redação, sorrindo:

— Acho que vamos para o Vietnã!

Fazia tempo que a equipe de *Realidade* estava lutando por isso, pois o Vietnã, assim que os Estados Unidos tinham decidido "encampar" a guerra e ela havia aumentado de vigor e brutalidade, tornara-se o principal assunto do inimigo. E nós não achávamos razoável que a então principal revista do Brasil ou ignorasse o Vietnã ou continuasse simplesmente comprando textos amanhecidos de publicações europeias e americanas. A resistência ao envio de um repórter, por seu lado, também era compreensível: um trabalho desse tipo envolve gastos e riscos que são sempre, na diretoria das empresas, pensados e repensados dez vezes. Quando, naquele dia, Roberto Civita, diretor da *Realidade*, soltou o "acho que vamos para o Vietnã", é que tinha acontecido uma coisinha que fizera reabrir o assunto: a embaixada americana fez sondagens para ver se *Realidade* aceitava o convite para mandar um repórter para o Vietnã, com as despesas pagas. A tendência era aceitar. Imediatamente, entre os redatores, houve a necessária agitação em torno da viagem. *Realidade* tinha, a essa época, uma excepcional equipe de jornalistas. Qualquer um deles aceitaria a incumbência e traria do Vietnã um trabalho de grande importância. Por mim, eu pensava que essa missão não era para o meu bico. Entendia que um destes três repórteres — três dos melhores jornalistas que o Brasil já teve em todos os tempos — era o mais talhado para o Vietnã: Luís Fernando Mercadante, de trato e de texto fino e elegante; Roberto Freire, homem cheio de talento criativo, e muito viajado, e Carlos Azevedo, o "homem de briga" da redação e sobre quem recaíam os assuntos mais pesados. Mas como a viagem não tinha data marcada, ficou em suspense a escolha do redator, que sempre era feita numa reunião da equipe. A vida foi seguindo. Um outro belo dia, Paulo Patarra, o redator-chefe, vem a mim.

— O Vietnã saiu. A turma diz que você tem preferência. Se quiser, pode começar a tratar do passaporte.

Deixou claro, também, que se eu não quisesse ir, havia outros candidatos, entre os quais ele próprio. Não hesitei um minuto:
— Eu topo.

Todo repórter é também um aventureiro. Está sempre de espírito preparado para conhecer e enfrentar situações novas e aventuras. E o Vietnã era uma grande, uma fantástica aventura. Além disso, duas outras razões me fizeram aceitar a viagem. Uma, porque eu queria ver para crer. Estava achando muito estranha aquela história de o mais poderoso exército do mundo estar atolado na lama por conta de meia dúzia de guerrilheiros esfarrapados. Outra, porque, a essa altura, falava-se que o governo brasileiro pretendia mandar para o Vietnã uma missão militar com o objetivo de avaliar se o Brasil devia embarcar naquela canoa, em socorro do "mundo livre" tão ameaçado e tão desprotegido por lá. Eu ia pôr tento nessas duas coisas.

A data para a viagem não estava estabelecida. Um ponto emperrava o andamento das coisas, o assunto foi repensado, e por fim uma decisão muito acertada se tomou: já que a revista ia mandar um homem para o Vietnã, para que ele tivesse uma "visão brasileira" da guerra, aquela história do envolvimento com a embaixada americana só podia atrapalhar. Já que íamos entrar numa parada desse tipo, o mais certo era aguentar a mão até o fim, em todos os campos. O convite da embaixada foi então recusado e a revista se responsabilizou por todas as despesas.

A turma sugeriu um bom seguro de vida. A revista tinha tido problemas sérios uns meses antes quando um seu fotógrafo — Geraldo Mori — sofrera fratura de crânio quando em serviço no Nordeste; por falta de seguro, a assistência a Mori, num hospital de Maceió, para onde tiveram de seguir especialistas do Sul, envolvera grandes dificuldades.

— Imagine uma situação dessas no Vietnã...

A empresa aceitou a ideia do seguro, mas nenhuma companhia brasileira quis aceitá-lo.

— O quê? Segurar a vida de quem vai para a Guerra do Vietnã? O senhor ficou louco ou está brincando?

Por fim, o Lloyd de Londres, consultado por seu agente em São Paulo, aceitou fazer a apólice. Se eu morresse por lá, minha família em São Paulo receberia 50 mil cruzeiros novos.[35] Quando, um bom tempo depois, o dinheiro do seguro serviu para pagar meu tratamento médico em Chicago, pensei que, de certa forma, devia aquela tranquilidade ao meu querido companheiro, o fotógrafo Geraldo Mori. (Mori, por uma terrível fatalidade, pouco depois de penosamente salvo da fratura de crânio, encontraria a morte num carro de praça, estupidamente assassinado num crime para o qual a polícia de São Paulo, até hoje, não encontrou nenhuma explicação. Nem o assassino.)

Com o seguro, o passaporte pronto — o Itamaraty, que depois se mostraria igualmente tão carinhoso comigo, me forneceria um passaporte especial —, começou a batalha para conseguir os vistos de entrada no Vietnã. Previa-se uma parada dura.

Desde que a viagem não tinha mais nenhuma relação com a embaixada americana, minha intenção era visitar os dois Vietnãs, o do Norte e o do Sul, para ver a guerra sob o ângulo mais imparcial possível. Mas nem o Vietnã do Sul nem o do Norte têm representações diplomáticas no Brasil. Onde, então, conseguir vistos?

O Vietnã do Sul trata dos seus eventuais assuntos com o Brasil diretamente de Washington, onde tem sua representação mais importante. A embaixada americana me sugeriu que fosse para

---

35. Cerca de 162 mil reais em 2024, com correção pelo IPC-Fipe.

lá. Mas Washington não era, certamente, o melhor lugar para tentar um visto para o Vietnã do Norte. Resolvi, então, seguir para Paris, onde havia representação dos dois Vietnãs. Nós sabíamos em São Paulo que o jornalista Luís Edgar de Andrade estava "preso" em Bangcoc, havia quase um mês, tentando autorização para entrar no Vietnã. E sabíamos que nenhum jornalista brasileiro tinha entrado ainda no Vietnã do Norte. Tudo indicava que, igualmente para mim, a coisa ia ser bem difícil.

No dia 17 de fevereiro, quando a ofensiva do Tet punha em chamas todo o Vietnã do Sul, segui para Paris. A orientação que levava da revista era esta: "Se conseguir os dois vistos, passe vinte dias em cada Vietnã, fazendo 'peão' em Vientiane, capital do Camboja".

— Bom trabalho, e volte em pé!

A batalha dos vistos foi ganha pela metade. O Vietnã do Sul, dependendo só de pequeninas coisas, me deu autorização para permanecer até três meses no país com o "objetivo específico de fazer trabalho jornalístico junto ao padre brasileiro que se ocupa de um orfanato em Saigon"...

Um padre brasileiro salvava o meu visto.

A primeira resposta do funcionário da embaixada sul-vietnamita em Paris ao meu pedido de entrada no país foi assim:

— Como o senhor é brasileiro, o visto só pode ser dado em Washington. Se o senhor não quiser voltar, tente então na Tailândia, onde está a embaixada mais próxima de Saigon...

Foi aí que o sacerdote entrou na conversa.

Dissemos (José Roberto Guzzo, da revista *Veja*, então vivendo em Paris, me acompanhara à embaixada) que a minha missão no Vietnã se prendia a uma reportagem sobre o trabalho que o padre brasileiro Generoso Bogo — figura muito conhecida em Saigon — desenvolvia junto a orfanatos e escolas, em colaboração com o governo. (Isso era só meia verdade: uma carta e um telegrama que a revista havia mandado para o tal padre no Vietnã não tinha recebido resposta...) E a conversa foi longa. Daquele funcionário fomos encaminhados para o adido de Imprensa e Relações Culturais. Este gastou bem uma hora falando mal dos jornalistas do mundo inteiro, principalmente dos franceses, e depois outra meia hora para dizer que a situação no país era bem diferente daquela que os jornais e as revistas pintavam.

— O Vietnã vive hoje na maior tranquilidade...

Acabando de dizer isso, perguntou onde é que morava o padre brasileiro.

— Em Go Vap, pertinho de Saigon.

— Go Vap, o senhor disse Go Vap? Foi muito bombardeada este mês e nem sei mais o que está de pé por lá...

A "tranquilidade" não era tanta, pelo jeito. Enfim, o risonho homem mandou que a gente voltasse no dia seguinte, para saber a resposta.

— Esse visto não sai — disse o Zé Roberto, quando a gente ganhava a rua.

— Mas por que você acha isso? O moço é tão simpático, não para de sorrir...

— Esses "chineses" vivem rindo, mesmo quando enfiam a baioneta na barriga do inimigo. O riso não quer dizer nada, você vai ver.

No dia seguinte, o visto estava pronto. Vencida inesperadamente essa batalha, começou a outra, a do avião. Minha passagem (bloqueada) era da Air France que, por De Gaulle ter dito qualquer coisa de que o Vietnã do Sul não gostara, estava pagando o pato, com uma ameaça de proibição de sobrevoar o Vietnã. Para piorar a situação, os bombardeios do Tet no aeroporto de Saigon continuavam e a segurança, lá, não era nada garantida.

— Tem dia — disse a recepcionista da Air France em Paris — que o avião chega a Saigon, não pode pousar, e os passageiros são levados a Bangcoc. A propósito, o senhor só pode embarcar tendo também o visto da Tailândia no passaporte.

Por causa desse visto e, mais ainda, na esperança de que a Air France oferecesse uma garantia de me deixar em Saigon, fiquei de tomar o avião para o Vietnã nos primeiros dias de março, em Nova Delhi. Esperava também que, nesse intervalo, houvesse uma resposta do Vietnã do Norte sobre minha ida a Hanói. O visto do Norte não saiu; assim, toquei para Nova Delhi. Os cinco dias que fiquei na Índia me assustaram: miséria, mendigos, doenças, animais entrando pelas casas, crianças com a máscara da fome, gente morrendo na rua — num mercado de cabritos, na Velha Delhi, vi um velho morrer, em plena praça. Pensava comigo: se a Índia, na paz, já é assim, que diabo não será o Vietnã, com tudo isso e mais a guerra?

O voo para Saigon, via Bangcoc, foi marcado para o dia 6 de março. No dia 5 à noite, acompanhado do vice-governador de São Paulo, Hilário Torloni, que fora meu companheiro de viagem desde Paris, passei o devido telegrama para a companhia de seguros, em Londres: a partir de amanhã o prazo de risco de guerra está correndo. Dei o recibo do telegrama para o Torloni:

— Se acontecer alguma coisa, meu velho, por favor entregue isto para a minha família em São Paulo.

— Não só entrego o recibo — disse ele — como mando erigir uma estátua para você em Santa Rosa do Viterbo. A propósito, você não quer deixar comigo a sua capa inglesa? Você nunca mais vai precisar dela mesmo...

— Sai pra lá, boca-negra...

Na madrugada do dia 6, na escuridão do aeroporto de Nova Delhi, eu era o único passageiro para o Vietnã. A recepcionista da companhia aérea veio a mim:

— É o senhor que vai para Saigon?
— É.
— E o senhor não tem medo?
— Bem...

Já no avião, encontrei um passageiro que, vindo da Suíça, desembarcaria comigo em Saigon. O rapaz, vietnamita, tinha estado dois anos em Genebra, estudando uma especialidade em medicina. A toda hora me dizia que o noticiário em torno do Vietnã era exagerado e que certamente o diabo não era assim tão feio como o pintavam. Em pouco tempo pude constatar que, dos dois que iam descer em Saigon, não era eu o que estava com mais medo...

Não fosse o grande número de aviões de bombardeio — pousados ou levantando voo com enorme barulho — e o rombo que o bombardeiro da ofensiva do Tet tinha produzido na torre de controle do aeroporto alguns dias antes, ninguém diria que se estava chegando à capital de um país em guerra. Gente completamente descontraída no aeroporto, mínimas formalidades policiais e de alfândega para o desembarque, filas de motoristas de praça esperando passageiros. Um só detalhe diferia Saigon, aquele dia, de qualquer outro aeroporto internacional: não havia balcão para se trocar dinheiro. Ainda que o dólar seja o *quente* em matéria de dinheiro no Vietnã, a moeda corrente continua sendo a piastra. Descobri uma janela com gente trocando dinheiro, fui até lá, mas só operavam com "dólar militar", uma contrafração do dólar verde, usada para o pagamento do pessoal americano nos países em que eles estão em guerra. O dólar militar tem o mesmo valor do verde, mas só se pode trocar aquele por este quando se está deixando o país.

A recepcionista de uma companhia trocou-me cinco dólares, quantia suficiente para chegar até um hotel; depois eu me informaria melhor sobre o câmbio de moedas. Minutos antes do meio-dia, malas na mão, maquininha fotográfica no pescoço, eu já era um homem em pleno Vietnã. Da marquise do aeroporto, dei uma olhada panorâmica na cidade e me veio a primeira impressão:

— Curioso, isto aqui está parecendo muito melhor que a Índia...

Eu esperava, no Vietnã, contar inicialmente com três contatos: o representante diplomático do Brasil em Saigon, Rogério Corção; o padre Generoso Bogo e um rapaz da embaixada americana, para quem eu levava uma carta pessoal do cônsul-geral em São Paulo. Quanto ao padre, constava que tinha viajado para Hong Kong; Corção, se estivesse em Saigon, teria ido me esperar, pois o nosso embaixador em Nova Delhi lhe enviara um telegrama nesse sentido. Possivelmente Corção também estaria fora do país. Restava o americano.

No hotel, ao qual eu telegrafara três vezes pedindo reserva, me esperava uma surpresa: "Está absolutamente tomado". Concederam-me, porém, uma graça: guardavam as minhas malas enquanto eu ia percorrer outros hotéis, à procura de pouso.

O primeiro foi o Majestic, único que conhecia de nome, além do Caravelle (de luxo) e do Continental, velho e tradicional hotel de Saigon, frequentado pelos correspondentes de guerra e citado por Graham Greene, em *O americano tranquilo*. Mas era no Majestic que funcionava a representação diplomática brasileira e, mesmo que não houvesse lugar, eu me informaria sobre o paradeiro de Corção. Valeu a viagem: consegui um apartamento. Quanto à legação brasileira, tinha se mudado.

Instalei-me num bom apartamento, fiz o primeiro contato com Corção, por telefone — ele estava em Saigon, o telegrama que recebeu é que não havia sido claro —, e logo tomei as providências para, no dia seguinte, ter os papéis regularizados, junto com a credencial de "correspondente de guerra".

Para ser correspondente de guerra no Vietnã é preciso, primeiro, credenciar-se junto ao Centro de Imprensa do governo do Vietnã do Sul, e, depois, fazer o mesmo junto ao Comando de Assistência Militar ao Vietnã (MACV) dos Estados Unidos, que é o que vale. No Centro de Imprensa a demora é pouca. Só exigem um documento de identidade e duas fotos — uma eles guardam no arquivo, a outra pregam numa tarjeta, que o chefão assina na frente da gente.

— Então o senhor é brasileiro? Tenho um bom amigo brasileiro em Paris e que até hoje só me ensinou a dizer "Eu te amo", está certa a pronúncia?

O moço do Centro de Imprensa era simpático e perguntou o que é que eu gostaria de ver, que fosse de sua atribuição.

— Gostaria de ver uma aldeia estratégica.

— Não é conosco, é com o Ministério do Interior. Mas eles não têm condições para garantir a vida de quem quer visitar uma dessas aldeias...

— Gostaria de ver um campo de prisioneiros vietcongues, para falar com eles.

— É conosco. Periodicamente, preparamos visitas ao campo e, na próxima, o senhor irá, sendo para isso avisado com antecedência.

— Gostaria de ir à base mais avançada do front, em relação ao Norte.

— Isso é com os americanos. Justo em frente, no outro lado da rua.

Ia pedir outras coisas, para acertar com mais alguma atribuição do Centro de Imprensa, mas nisso entrou um coronel coreano, de borzeguim e cabeça grande, e o chefão foi com ele para outra sala, dizendo antes para eu "aparecer sempre".

Do lado dos americanos, o credenciamento é mais complicado. Primeiro exigem uma carta da empresa que edita a publicação, garantindo responsabilizar-se por "todas as despesas e as atitudes pessoais" que o correspondente possa ter no Vietnã. E outra, sempre em inglês, informando que tipo de trabalho vai ser feito e quanto tempo, exatamente, será gasto nele. Eu tinha as duas, o.k.; entregaram-me então um documento para assinar, em que o governo americano é eximido de qualquer responsabilidade em prejuízos, materiais ou pessoais, que o correspondente possa sofrer quando trabalhando ao lado de tropas americanas. Por fim, uma observação:

— Em caso de *emergência*, quem deve ser avisado e a quem deve ser entregue o corpo?

— Embaixador Corção, na legação brasileira.

Feito isso tudo, recebe-se uma papelada imensa com mil informações sobre a guerra, o horário e o regulamento das entrevistas coletivas diárias, os aspectos morais e jurídicos da participação americana, o regulamento e as instruções de como portar-se, mapas da cidade e do país, situação das estradas, composição atual do governo etc. etc. Recebe-se, logo depois, um documento que permite comprar nos almoxarifados militares todo o material necessário para o uniforme militar, obrigatório. Recebe-se, por fim, a credencial e a informação das facilidades que ela dá para o bom desempenho do trabalho: nos "clubes de imprensa" das bases militares há restaurante, bar, dormitório, telefone, máquina de escrever, a preços quase simbólicos. O de Da Nang, por exemplo, tem ar condicionado, praia e cinema ao ar livre. Pode-se até alugar jipes do Exército, e o preço é pequeno. Mas o mais fantástico era o seguinte: para ir a qualquer base militar americana avançada o correspondente tem avião de graça, desde que avise da viagem com uma antecedência de seis horas...

Pois é. A soma de tantas dificuldades e de tantas facilidades deu nisto — uma cama de hospital de guerra, num país estranho, cercado de gente estranha. Valeu a pena ter vindo? Apesar da tristeza toda de agora, ainda não consigo aceitar a ideia de estar arrependido. Não estou arrependido, não. Foi uma fatalidade, é só.

    Os meus olhos estão me preocupando muito. Desde a explosão, mantêm-se irritados, coçando, como se estivessem cheios de areia. Ontem o enfermeiro lavou-os por fora e não adiantou. Hoje de manhã aplicou um banho de colírio e também não deu resultado. Disse-me então que o oftalmologista vinha me ver à noite. O oftalmologista veio, examinou os olhos e encontrou fragmentos de metal, da bomba. Pingou remédio, dilatou as pupilas e, com uma agulha fina, retirou os fragmentos. No olho direito a coisa estava pior e a limpeza chegou a sangrar. Por isso, o médico recobriu-o com um tampão e pediu que eu ficasse quietinho. Após 24 horas ele o retiraria e acreditava que nada de grave havia de ocorrer. Eram já 22 horas, recebi a minha morfininha noturna, o remédio para dormir, e me acomodei. O drama dos olhos ia ter uma consequência inesperada.

25 DE MARÇO

Só a morte os paralisa

Acordei cego. Meu olho esquerdo tem uma deficiência congênita (um décimo de visão), e com o direito tamponado, não consigo ver coisa alguma. Quando vem a água para lavar o rosto, não enxergo direito a bacia, não consigo pegar o sabonete nem a escova, derrubo o copo de água, gilete, tudo no chão. O desespero começa a tomar conta de mim e chego a pensar que ficarei cego para toda a vida. Grito então para o enfermeiro e peço que me tire o tampão do olho. Não. A ordem médica é retirá-lo só amanhã cedo. Tento conformar-me, ele me ajuda a ajeitar as coisas, faço um tremendo esforço de paciência, mas, a certo ponto, não aguento mais:

— Ou o senhor tira esse negócio, ou eu o arranco com as minhas mãos.

O rapaz ainda hesita, mas acaba concordando em experimentar. Tira a venda; o olho estava só um pouco irritado, não havia problemas. Volto a ver tudo de novo — que delícia!

Passado o efeito dessa vitória repentina de hoje de manhã, volta a dureza da monotonia do hospital. A bandeja do café da manhã é, como sempre, um almoço, com as carnes, os frios, as omeletes, os sucos. Não consigo nem olhar para ela. A náusea continua, continua a dor. O negócio é esperar pela morfina. Senhoras da Cruz Vermelha vêm oferecer livros, papel de cartas, tiras de plástico para os feridos fazerem alguma coisa com as mãos. Isso os que têm mãos. Com o braço esquerdo enfaixado e preso à ditadura de uma posição única na cama, não me adianta aceitar nada. O único esporte é deixar o pensamento vagar. Penso nessas moças, tão limpinhas e tão bem uniformizadas, da Cruz Vermelha. Como são úteis e simpáticas, num hospital de guerra. Imagino quanto de bom não fariam nos hospitais do vietcongue, afinal eles também são gente, não?

Papo furado, o vietcongue nem tem hospital. Algumas aldeias que controlam mantêm um serviço de assistência médica, quase sempre dirigido por mulheres que nem são médicas. Lembro-me do capitão Whitekind:

— Os *vici* não fazem prisioneiros porque não têm para onde levá-los como não têm para onde levar os feridos. Também jamais se rendem; mesmo atingidos, mantêm a posição e lutam até morrer.

Esta guerra é errada demais. De um lado, vinte minutos para transportar um ferido do campo de batalha para o primeiro hospital (mais rápido do que em Nova York); de outro, o camarada lutando até morrer porque os companheiros não têm hospital para onde levá-lo.

Como é que os americanos, assim tão fortes e organizados, não conseguem bater esses miseráveis guerrilheiros? Questão de convicção. O vietcongue luta por necessidade. Se morrer, foi por uma causa boa, com honra. O americano faz esporte — "a tal caçada de animal de grande porte" —, e alguns lutam até com vergonha. Um inglês comparou isto aqui à caça de uma lebre, por um galgo. O galgo — poderoso, forte, veloz, saudável — é o americano. A lebre — pequenina, vítima, coitadinha — é o *vici*. Pois o galgo quase nunca apanha a lebre, e a explicação vem aí: o galgo está fazendo charme, e não joga tudo; se alcançar a lebre, terá um almoço diferente; se não alcançar, não tem importância, sua ração está garantida. Para a lebre, não. Sua vida depende dessa hora; se se deixar apanhar, adeus! A convicção de que luta para valer, por um objetivo muito grande, lhe dá forças até sobrenaturais. E escapa.

Bertrand Russell, o extraordinário velhinho inglês, escreveu que a resistência do vietnamita à força armada da maior potência do mundo para conseguir sua libertação só tem um paralelo na História. Foi no século XVIII, quando um povo pobre fez guerra com a maior potência de então — a Inglaterra — e a venceu: foi o povo americano, na luta pela independência.

A propósito da situação do Vietnã, há um cálculo que faço e refaço e toda vez me espanto com o resultado. Ele explica por que a causa americana está perdida. É o seguinte: estima-se em 15 milhões a população do Vietnã do Sul. Desses 15 milhões, 3 milhões são crianças com menos de dez anos (cálculo muito conservador), velhos e doentes. Sobram 12 milhões de pessoas "adultas", quer dizer, entre dez e setenta anos — gente em condição de produzir, de fazer alguma coisa, inclusive a guerra. Desses 12 milhões de gente produtiva, 50% são mulheres. Restam, pois, 6 milhões de homens (considerando homens qualquer criança com mais de dez anos...).

Pois bem: há, no Vietnã do Sul, aproximadamente 1,5 milhão de homens armados — 1 milhão no Exército do governo e mais ou menos 500 mil na polícia, guarda civil, milícias provinciais, polícia de trânsito etc. Esse contingente, por certo, é retirado da população ativa do país. Ficamos, pois, com 4,5 milhões de civis, "adultos".

Um outro dado: sem contar os civis e as forças da 7ª Frota (pessoal embarcado), os Estados Unidos têm no Vietnã 600 mil homens armados. Os "países amigos" (Coreia do Sul, Formosa, Tailândia, Filipinas, Austrália) mantêm lá, aproximadamente, outros 400 mil soldados, para ajudar os "aliados".

Há, assim, 2,5 milhões de soldados lutando do lado americano no Vietnã do Sul, contra uma população masculina, adulta, de 4,5 milhões de sul-vietnamitas. Isto é, *há mais de um soldado "aliado" para cada dois vietnamitas* desarmados, famintos, preocupados em arranjar comida para os filhos. Se nem assim, com essa relação fantástica e absurda de soldados para civis, os Estados Unidos ganharam ainda a guerra, é porque nunca mais vão ganhá-la. *Go home*, rápido!

A cada passo que se dá no Vietnã do Sul precisa-se mostrar documentos, ser revistado etc. O vietnamita que mora num bairro e vai sempre ao centro de Saigon é revistado pelo menos quatro vezes por dia. Pois todo esse cuidado não está dando os resultados desejados, nem para evitar furto e contrabando, nem para interceptar transporte de armas e munições. Parece que a única solução seria aquela sugerida por um general americano:

— A gente tem de dar um jeito para que metade da população vigie a outra metade. Só assim é capaz de dar certo.

— E o tanto de dinheiro que os Estados Unidos despendem por ano, na Guerra do Vietnã?

— Trinta bilhões de dólares.

O que significa mais de nove vezes o orçamento anual do Brasil; dinheiro suficiente para construir noventa cidades como Brasília... E o que se consegue com essa fortuna toda no Vietnã? Queimar crianças com napalm? Destruir pontes de bambu? Matar elefantes? Desfolhar florestas? Salvar o mundo livre das guerras odientas do satanás vermelho? Ampliar mercado para a General Motors e a Sears?

E o que mais?

Aqui no hospital, minha cabeça caminha livremente pelo mundo, mas a cama é a realidade maior. De noite, na hora das injeções, o enfermeiro me previne: hoje não receberei morfina. Vão me dar uma outra droga, para revezar. Qualquer diferença que eu perceber, devo avisá-lo. Tomo a picada e não me ocorre nada diferente; a dor passa logo, como nos dias anteriores. Assisto, como sempre, ao ritual da noite: as injeções de cada um, as pílulas de dormir, a distribuição das placas — "nenhum alimento depois da meia-noite; tem cirurgia de manhã" —, o desligar da televisão — até que enfim... —, o apagar das luzes e depois aquele silêncio, cortado às vezes por um gemido... Não tenho sono, mas resolvo fingir de dormir: acomodo a cabeça, fecho os olhos, respiro pausado. É fechar os olhos e entrar num outro mundo: salões iluminados, orquestras, baile, mesuras, vestidos de festa, e eu rolando e rodando por aquilo tudo, como um bailarino fantástico. Sinto tudo girar à minha roda e, com medo de cair, acordo: abro os olhos e volto ao hospital. Estranho a posição da cama, a perna esquerda — a ferida — está quase fora dela. Um pesadelo, nada mais. Conserto a posição do corpo, fecho os olhos e instantaneamente me é devolvido o mundo fantástico, a música, o movimento louco. Suporto alguns segundos, "volto" à realidade, testo mais uma vez e resolvo chamar o enfermeiro: deve ser a tal injeção.

E é. O rapaz fica um bom tempo ao meu lado, me dá alguma coisa para beber, e diz para eu ficar quietinho, sem tentar dormir: sempre de olhos abertos. Mais tarde ele me dá outra injeção, e a coisa enfim se resolve; durmo.

26 DE MARÇO
À espera de um milagre

Passo a manhã toda por conta da anestesia geral; é a minha terceira função cirúrgica. Quando acordo, de tarde, o mal-estar é dobrado — a perna que dói, as costas que doem, a náusea, a tontura. Isso parece nunca mais acabar. Ainda não consigo comer nada; o mais que engulo são uns goles de leite por dia. Não sei se por isso, ou por tanto remédio, a verdade é que meus intestinos proclamaram a liberdade. Não os comando mais. Minha única vitória fisiológica é o urinol. Tomando três litros de soro por dia, tenho muito que urinar. E urinar torna-se um prazer, o único.

Uma boa surpresa, à tarde. O diplomata Corção vem me visitar, traz laranjas, diz que o pessoal da revista já passou mais de dez telegramas de incentivo e de solidariedade — ele vai me mandá-los depois — e me entrega um telegrama, que chegou na hora em que ele ia saindo. É a primeira mensagem que me chega às mãos, do Brasil, desde que estou aqui. Diz isto: "Jornalista José Hamilton. — Embaixada brasileira — Saigon. Toda corporação da *Folha* solidária com a coragem do grande colega, hoje transformado em símbolo da imprensa brasileira. Grandes abraços — FOLHA DE S.PAULO".

Esse telegrama, assim tão frio e, visto à distância, tão simples, fez mais para o meu estado do que os oito litros de sangue que tomei até agora. Deu-me certeza de que algumas pessoas, realmente, se interessam pela minha vida, lá no Brasil. Estes seis dias de solidão aqui no hospital estavam me levando a duvidar de muita coisa. Agora não; não estou abandonado, não estou só, não tenho razão para dúvida. Quero viver! Armo-me de coragem, peço papel e lápis e respondo ao telegrama, com uma dificuldade desgraçada para desenhar as palavras: "Nha Trang, 31 de março de 1968. — Gil[36] e corporação da FOLHA. Após cinco operações em onze dias, quando eu não sabia se estava indo ou voltando da cirurgia toda vez que empurravam minha cama, houve um momento em que fiquei a refletir: se eu sair dessa, vale a pena continuar vivendo de jornalismo? Foi nesse momento, Gil, e por estranha confusão de correspondência, que recebi o telegrama de vocês — a única coisa que me chegou diretamente às mãos no hospital, desde a bomba. Não sabia, ainda, se poderia viver; sabia, porém, que, se pudesse, viveria; valia a pena! Hoje me parece, Gil, às vésperas da definitiva operação na perna amputada (a outra macerou-se; o braço esquerdo tem duas grandes lesões; uma ou outra ferida pinta a barriga), que viverei. Sinto me brotarem forças! Obrigado a vocês, obrigado a você, Gil Papá! José Hamilton".

---

[36]. O fotógrafo Gil Giovaninni Passarelli, que trabalhou por quase cinquenta anos na *Folha de S.Paulo* e ganhou o prêmio Esso por uma foto feita, em 1968, nos conflitos entre estudantes da Faculdade de Filosofia da USP e do Mackenzie, na rua Maria Antônia, em São Paulo.

* * *

Aproveito a bondade do Corção e mando telegramas para casa, para a revista, para os amigos. Dá-me uma vontade danada de mandar um para a Badaúcha,[37] mas os seus dois anos são muito pouco para que ela possa entender o tanto que esse telegrama podia significar. Imagino a ginástica que estarão fazendo, e ainda vão fazer, para explicar-lhe por que o pai não chega do trabalho. De qualquer maneira, ela tem mãe, tem avó, tem tias, tem a casa, não lhe falta o leite, o pai demora, mas vai chegar. Penso na Badaúcha e me lembro de um asilo de Saigon, especializado em recolher crianças cujas casas foram destruídas, cujos pais morreram e parente nenhum as reclama. Muito pior que os filhos de outra coisa, eles são filhos da guerra. Amontoados em pouco espaço, comendo o que lhes dão e quando lhes dão, dormindo pelos cantos, há centenas deles. Apesar da desgraça, são crianças e acabam se divertindo aos grupinhos com uma bola, uma metralhadora de brinquedo, um capacete de soldado. Que futuro as espera? Será que deviam ter nascido? Um pedacinho de gente, atirada numa cama, é uma menina. Esta não devia ter sido gerada. Está tudo errado com ela. Tem um mês de vida, mas pesa apenas 1060 gramas. Chora o tempo todo, não quer comer nem dormir. Seus pais morreram na guerra? Sim, a guerra os matou. A mãe, prostituta de Saigon — e isso quer dizer prostituta da guerra —, tomou drogas anticonceptivas para abortar, e não conseguiu, mas a menininha veio, por isso, fraca e doente. A mulher suportou-a um mês, mas, talvez porque precise trabalhar, um dia — aproveitando a chegada de órfãos de guerra ao asilo — levou-a e abandonou-a lá, entre os outros. A menininha não tem nome e nem nin-

---

37. A jornalista Ana Lúcia Ribeiro, filha de José Hamilton Ribeiro, nascida em 1966.

guém sabe o nome da mãe. Quanto ao pai, tudo o que se sabe é que é um americano. As Senhoras da Associação de Mulheres do Vietnã, que mantêm o asilo, dizem que é tão frequente o número de crianças na situação daquela que elas não se enganam mais: a cor da pele, a disposição dos olhos, os cabelos são suficientes para identificar os bebês nascidos de sangue norte-americano.

Falei no começo desse livro da Ngá, a menininha prematura que eu ia visitar nos meus primeiros dias em Saigon. Quantas Ngás foram geradas no Vietnã depois que os defensores da civilização ocidental e cristã chegaram ao país? Não se sabe, agora. Só se sabe que no Japão, durante a ocupação americana, nasceram 300 mil crianças de pais americanos, anônimos, crianças filhas dos deuses da guerra e da doença maldita do dólar fácil. Em Saigon, os únicos mercadores que concorrem com os agentes do contrabando e do furto de material americano são os gigolôs. Chegam a oferecer meninas — cinquenta dólares por uma virgem.

Tudo é muito triste por aqui. Será que os vietnamitas jamais terão um dia em que só se preocuparão com estradas, escolas, maternidades, parques de diversões, conjuntos etc.? Quando cheguei — dia 6 de março —, alguns quarteirões ainda ardiam após as batalhas do Tet, em fevereiro. Bairros inteiros estavam no chão, transformados num campo arado e limpo. O número das pessoas sem casa beirava o milhão. Locais na periferia da cidade eram cercados para os sem-teto e ali, sob um encerado de lona, se abrigavam famílias inteiras, encerado após encerado, fazendo a vida voltar às suas mais primitivas condições. Crianças, velhos, doentes, marmanjos, aproveitadores — todos vivendo no mesmo chão, na maior promiscuidade.

A propaganda do governo encheu a cidade de cartazes e slogans para atribuir ao vietcongue a desgraça toda, o incêndio das casas, a destruição de bairros, a desolação. Pois nunca vi propaganda tão ineficiente. De todas as pessoas com quem falei a respeito, ouvi uma resposta só: o vietcongue não destrói um quarteirão sequer, e pode até não ser porque não queira. É porque não pode. O que destrói as casas, os quarteirões, os bairros, é o contra-ataque — a resposta brutal, violenta, desproporcional, por parte dos americanos.

A coisa se passa assim: grupos de vietcongues, armados de fuzil, no máximo de metralhadora, tomam posição num bairro. Entram nas casas — às vezes bem recebidos, outras fazendo-se receber com ameaças — e escolhem um alvo, geralmente um posto americano, um quartel, um edifício do Exército do Sul. De repente, de várias direções, começam a chover tiros sobre o alvo. Parece que o bairro inteiro se sublevou. Quem entra em ação, primeiro, são as forças sul-vietnamitas. Como não são muito de brigar mesmo, pouco tempo depois estão pedindo ajuda ao patrão. Em questão de minutos, os americanos contra-atacam, baseados principalmente na aviação e nos helicópteros. Antes, entretanto, de iniciar a resposta, alto-falantes convocam a população para sair das casas, pois os inimigos serão arrasados. Parte da população obedece, e quem garante que os *vici* não saem também? Que é que os diferencia? Dá-se um prazo para que todos saiam, findo o qual começa o bombardeio. Leva tudo de arrastão. Bombas sobre bombas, tiros sobre tiros, lança-chamas e bombas incendiárias. O incêndio lavra nas casas, edifícios desabam. Quando tudo acaba, vão-se contar os cadáveres. Haverá muitos, por certo. Quantos, entretanto, serão realmente de *vicis*? Será que a essa altura já não estarão se reunindo em outro local, para estudar uma manobra do mesmo tipo, para amanhã?

— Todos sabemos — me disse o dr. Hoang, um médico cuja casa foi a única que restou de pé num bairro destruído — que a destruição é feita pelo contra-ataque. A desproporção da resposta militar dos americanos, em cada arrancada vietcongue, vai acabar arrasando Saigon.

E o médico cita uma estatística: foi calculado que o número de guerrilheiros na ofensiva do Tet em Saigon foi de 3 mil. Para se opor a eles juntaram-se 150 500 homens, entre americanos, sul-vietnamitas e outros "aliados" — cinquenta dos mais bem equipados soldados do mundo para cada *vici* de sandália.

Bem, já está quase na hora da morfina da noite, outra vez. O enfermeiro garantiu-me que não vão mais trocar a injeção. Em algumas pessoas, a droga que me deram ontem provoca mesmo alucinações; não é nada grave.

27 DE MARÇO

As velhinhas silenciosas

Lá vem o *"major Morales y sus principales"*. O major-médico Morales, americano-porto-riquenho, é o diretor do hospital e periodicamente dá um giro na enfermaria, seguido dos seus auxiliares. Passa pela minha cama, dá um alô e diz que depois volta, sozinho, para bater um papo. E volta mesmo. Explica a razão de eu sentir tantas dores. Apesar de estar há sete dias da bomba, as lesões da perna estão ainda abertas. Pior que isso, estão amarradas e presas a um peso de várias rodelas de ferro, para funcionar como tração. Uma perna amputada, se deixada livre, encolhe, em razão do repuxamento dos músculos.

Se o meu ferimento não fosse de bomba vietcongue — diz o major — e a amputação pudesse ser controlada cirurgicamente, eu já poderia estar com uma perna mecânica provisória, na base da prótese imediata. As bombas vietcongues, principalmente as caseiras — como essa que me pegou —, são muito temidas nos hospitais americanos. É que o vietcongue, por não ter "material nobre" para as minas, usa o que tem às mãos: cacos de telha, terra, pedaços de pedra, sujeira. E um material desse tipo é perigosíssimo, como veículo de infecção e de gangrena. Quando há vítimas de bombas caseiras no hospital, os médicos as mantêm um bom tempo sob observação, para só depois partirem para o tratamento.

O major Morales me incentiva: tudo vai indo bem, os ferimentos da perna direita são superficiais, o coto esquerdo evolui de acordo com o esperado e, quanto à mão, talvez seja necessário uma cirurgia, mas ela poderá ser feita mais tarde, no Brasil mesmo.

— Aguente a dor só mais uns dias. Logo ela vai diminuir bastante.

Todas as camas ao redor da minha são de vietnamitas feridos quando a serviço do Exército dos Estados Unidos como combatentes ou espiões. Alguns são desta região mesmo, e as mães vêm visitá-los. São velhinhas simples que dão um plantão silencioso, às vezes o dia todo. Se um enfermeiro lhes oferece um biscoito ou uma fruta, elas aceitam e comem, quietinhas. Se ninguém lhes oferece nada, passam o dia ali, sem comer. Algumas ficam à noite também, vai ver que vieram de longe e não podem voltar. Dormem agachadas, num cantinho da cama, para onde sobem depois que se apagam as luzes. De manhã, quando as luzes se acendem, elas descem rápido, depressa se ajeitam e quem não viu a operação toda tem a impressão de que elas passaram a noite de pé. Conversam muito pouco com os filhos; com os outros não conversam nada. Parece que tudo que têm a dizer, dizem com os olhos.

Um dos vietnamitas ficou meu amigo. Ele só conhece duas expressões em inglês — *number one*, para dizer que uma coisa é boa; e *number ten*, quando a coisa é má, isso na melhor gíria dos soldados americanos. De francês não sabe nenhuma palavra. Na base de *number one* e *number ten*, ele, que se movimenta numa cadeira de rodas, passa largos períodos ao lado da minha cama, "conversando". O grande gesto de amizade é quando vamos fumar — ele me dá um dos seus cigarros, eu lhe dou um dos meus. O gesto vale, apesar de ambos os cigarros serem distribuídos pelo hospital. Olhando para esse vietnamita tão risonho e solícito, fico com saudade do "meu" Nguyen, o rapaz que se dispôs a me mostrar Saigon. Andávamos juntos desde que se abria o "toque de recolher" da cidade, até que ele se fechava. Muitas vezes o programa atrasava e Nguyen dormia no meu hotel, depois de avisar a mulher pelo telefone. Sem guerra, Saigon deve ser uma cidade bem agradável. Tem um "jeito" carinhoso, com seus cafés tipo Paris, alpendres nos hotéis e ruas arborizadas. Fachada de cidade europeia; nem podia ser de outra forma, já que foi implantada pelos franceses. Os bairros de Saigon são, entretanto, miseráveis. Vários deles não têm esgoto e as águas servidas correm nas ruas, onde as crianças — como tem crianças! — brincam. Casas erguidas nas margens de braços do rio Saigon mudam de paisagem ao sabor da maré. Quando elas se enchem de água, a visão é bonita, parece um bairro suspenso nas águas. Quando as águas baixam, as casas ficam exatamente em cima da lama, num mau cheiro quase insuportável.

Da Nang, a segunda maior cidade do país, é assim também. A fachada impressiona, com uma rua toda cheia de clubes, de casas bonitas e de restaurantes com nomes de cidades americanas. A realidade da guerra está presente nesses restaurantes: eles têm as portas e as janelas protegidas com grades de ferro e telas para evitar que os terroristas atirem granadas lá dentro. Um jornalista me contou que, certa vez, em Da Nang, o vietcongue distribuiu um panfleto pedindo para os americanos não levarem mulheres e crianças quando fossem comer fora:

"Nossos atentados são só para os homens..."

28 DE MARÇO

Por que eu?

Não sei se foi bom o major Morales me contar que as lesões da perna ainda estão abertas minando sangue e amarradas ao peso. Parece que a dor aumentou, só por saber disso, e sinto maior a poça de sangue na cama.

O fato de ainda não ter comido quase nada — só uma laranja e goles de leite esses dias todos — me impressiona ainda mais. O cabelo está grande, o braço muito fino, penso que emagreci vinte quilos, e que já não tenho força nem para sentar na cama.

Estou frustrado, vencido, entregue à mais profunda amargura. Os piores pensamentos me vêm à mente — por que a bomba não pegou o Henry em vez de me pegar? Afinal, ele é soldado, está lá para isso, vai ver que até já desgraçou um inimigo, vai ver que até merecia sofrer assim. Depois outra, ele pisou no mesmo lugar que eu, antes de mim, por que a bomba não explodiu com ele? O capitão Whitekind me disse que sete pessoas, antes de mim, tinham passado naquele mesmo lugar, e que o fato de a mina ter estourado justo embaixo dos meus pés talvez se devesse ao meu peso, maior que o dos soldados. Bonito! Então o Exército americano enche seus soldados de comida, de vitaminas, de pílulas, e esses caras nem sequer engordam?

E o Shimamoto, por que a bomba não pegou ele? Ele está há dois anos no Vietnã, vai ver que foi para lá em virtude de alguma desilusão, algum desengano, e esteja mesmo procurando uma forma de suicídio — por que então eu, e não ele? E por que não o próprio Whitekind? Será que o vietcongue se dá ao trabalho de fazer uma bomba para pegar justo um coitado dum jornalista brasileiro? O Whitekind é que devia ter ido pelos ares...

Tomo consciência da canalhice dos meus pensamentos, e isso se torna um fator a mais de angústia. Então, seu Zé, você não presta mesmo, nem por fora nem por dentro! Por fora, essa perna apodrecendo, minando água suja; por dentro, esses pensamentos canalhas, sujos, porcos. Você devia é ter morrido...

Caio na mais torturante amargura e pequenez, quando chega um gordo, homem dos seus cinquenta anos, uniforme de major, e quer puxar conversa comigo. Em inglês. Fico a ponto de mandá-lo à merda. Mas o homem é paciente, insiste, diz que há vários dias queria falar comigo mas não tinha tempo. Hoje tem, vamos falar, conversar à toa, xingar uns, elogiar outros, puxar angústia. Pergunto o que faz:

— Sou padre, padre católico. Major-capelão.

Isso não me anima muito, mas o moço é persistente e jeitoso. Quer saber como vou passando, como é a comida, se tenho recebido notícias de casa, se o médico é simpático etc. etc. Resolvo abrir as baterias e começo a xingar — xingo o hospital, os enfermeiros, o vietcongue, as minas, a mim próprio, a solidão, o abandono, a guerra, o mundo todo. Vou-me entusiasmando com o próprio desabafo e daí a pouco, sem perceber, me encontro no choro mais sentido. E não dá para falar mais nada, só chorar. O padre ali, esperando. Soluço durante algum tempo, acho depois que estou fazendo papelão, faço força para não chorar, o padre fala um pouco mais e depois vai embora, dizendo que volta amanhã para a gente conversar outra vez. Agradeço, peço que venha sim. Mas é só o padre sair, puxo o lençol sobre a cabeça e, mergulhado na mais profunda tristeza, choro, choro alto, suspiro alto, não ligo para as lágrimas que descem pelo nariz. Choro até cansar, até me considerar parcialmente remido de tanta fraqueza e maldade.

Umas duas horas depois, o padre volta. Diz que foi bom eu ter chorado, eu estava mesmo precisando disso. Mas diz também que vai procurar todos os médicos do hospital que falam espanhol e francês e vai trazê-los à minha cama, para que conversem comigo. Acho a ideia boa demais, assim não me sentirei abandonado, entre vietnamitas que só falam a sua língua ou enfermeiros americanos quase sempre cheios de serviço. Essa iniciativa do major-padre ia revelar-se, verdadeiramente, muito importante para mim.

Em cada um dos quatro hospitais por onde passei no Vietnã, fui procurado pelo capelão católico. Não fui abordado nenhuma vez pelos capelães protestantes, embora os visse sempre por ali, trabalhando. Até aí, uma prova da eficiência americana — vai ver que se guiam pela ficha dos feridos. Os capelães militares têm patente de major e recebem pouco mais de mil dólares por mês. Seu trabalho, pelo que vi, é bastante útil. Não vi, por outro lado, nenhum monge budista trabalhando, embora sempre fosse grande o número de vietnamitas internados. Só se todos os vietnamitas feridos fossem católicos, saídos dos 10% da população que são apostólicos romanos. Os católicos do Vietnã do Sul atuam nesta guerra ao lado dos americanos e isso vem desde o governo de Ngô Dình Diêm, católico fervoroso, afilhado e protegido do cardeal Spellman,[38] de Nova York.

---

38. O americano católico Francis Joseph Spellman (1889-1967), sexto arcebispo de Nova York, foi um apoiador influente da intervenção americana no Vietnã.

Já os budistas do Vietnã, que são cerca de 80% da população, não têm posição política definida, nem homogênea.

Desde a "independência" do país (em 1954) até hoje, o Vietnã do Sul já teve um governo marcadamente católico — o de Diêm —, um outro secretamente católico, do general Khan, um terceiro indicado por uma seita religiosa (a seita Cao Dai), e nenhum governo que se declarasse efetivamente budista.

"O budismo no Vietnã" — eu me lembro de ter lido isso em Jean Lacouture[39] — "é um grande campo magnético, mas não chega a ser uma energia."

Cada pagode budista tem o seu superior — o venerável —, seus bonzos, monges, estudantes e fiéis. Mas como não há nenhuma ligação fundamental entre os vários pagodes, acontece muitas vezes que a eventual orientação política de um pagode se choque com a de outro, ao lado de um terceiro que não se interessa por nenhuma orientação política. Um venerável é tão venerável quanto outro venerável, e então se um deles — o venerável Tri Quang, por exemplo — faz um sermão dizendo que todos os estrangeiros devem ser expulsos do Vietnã, um outro — o venerável Tich Pe — brada no sermão que o dever dos budistas é lutar contra o comunismo, e com isso os budistas do país ficam sem saber a quem devem venerar mais.

Quando, eventualmente, os veneráveis se unem — e isso pelo jeito só acontece por acaso —, então sua capacidade de impressionar o povo e de promover movimentos de massa é grande. Viu-se o poder do budismo no Vietnã pelo impacto que ele causou na luta contra Diêm, quando se promoveu o sacrifício pelo

---

39. Um dos mais importantes jornalistas franceses, Jean Lacouture (1921-2015), também foi escritor e trabalhou na editora Seuil. Publicou várias biografias, incluindo uma de Ho Chi Minh, que saiu no Brasil pela Nova Fronteira, em 1977, dentro da Coleção Vidas Extraordinárias.

fogo de muitos dos seus bonzos.[40] A força de destruição foi grande, mas não houve a correspondência de uma força política de construção suficientemente organizada para que pudesse, a partir da queda de Diêm, construir um governo abertamente budista. Seu poderio político é, assim, difuso e aleatório, e é constantemente assediado pelos dois lados em guerra — a FLN e os Estados Unidos.

Mesmo como doutrina religiosa, o budismo, no Vietnã, é variado. No fundo, em matéria de religião, o que fala mesmo ao vietnamita é o culto aos antepassados. Uma tarde, na cidade de Bien Hoa, tive de "fazer tempo" até chegar a hora de uma entrevista e então entrei num "pagode budista". Não era budista.

A área do pagode era toda cercada, por um muro baixo, mas não havia portões, entrada livre. Um passeio une os dois portões laterais; à esquerda fica o pagode, à direita um jardim, com canteiros, de poucas flores, parecendo túmulos. Também no jardim, um fosso retangular, de uns quatro metros de comprimento por meio de largura, onde crepita o fogo de lenha no qual mulheres jogam tiras de papel que se queimam e cuja fumaça elas acompanham com olhar fervoroso. Mais ao fundo do jardim, coberto por uma cumeada de telhas, fica uma espécie de túmulo de terra onde outras mulheres espetam chumaços de incenso que se vão queimando lentamente. Em todas as mulheres há gestos e atitudes indicando que estão em comunicação com o espírito, ora com

---

40. A foto chocante do velho monge budista Thích Quang Duc, em posição de lótus, ardendo em chamas depois de atear fogo a si mesmo, feita 11 de junho de 1963, em Saigon, por Malcom Browne, foi um dos primeiros sinais para o mundo dos conflitos no Vietnã. Os monges protestavam pelo direito de usar a sua bandeira publicamente e contra a perseguição do regime pró-catolicismo de Ngô Dình Diêm. Ver pp. 8-9.

ar satisfeito, agradecendo uma boa fortuna, ora em posição de estar pedindo alguma coisa tão importante quanto difícil de ser conseguida. No pagode, com aquela semiobscuridade própria dos templos bem eficientes de qualquer religião, imagens que mais parecem estátuas, figuras de dois metros de altura de pássaros fantásticos e animais simbólicos, vários altares fartamente coloridos, ajaezados de dourado e de metal, com raros vasos de flores e pontos luminosos, das velas, que aparecem em cada canto.

Em todos os altares, mulheres em oração. O chocalhar de um tubo cilíndrico de papelão que contém varetas finas de madeira, e que todos os fiéis trazem na mão, provoca um som sibilado pela nave inteira e garante um certo fundo musical ao ambiente. Umas já rezaram e vão saindo, outras acabam de entrar. É um sábado — isso pode explicar o movimento grande.

Ao lado do pagode, no que seria a sacristia de uma igreja católica, funciona a "secretaria" do templo. É o primeiro lugar para onde o fiel se dirige. Apanha lá, ao acaso, numa prateleira, o tubo de papelão. Junto com o tubo vêm duas pedras chanfradas, como se fossem duas metades de uma mesma pedra, medindo uns dez centímetros de comprimento. Chegando ao altar do seu santo, o fiel se ajoelha e começa a orar, no sentido — diz-me o amigo vietnamita que estava comigo — de dizer como vai a sua vida, quando veio aqui pela última vez, o que o traz agora e, ainda, para pedir bons augúrios para a função religiosa que vai se iniciar. Durante essa oração toda, o fiel está postado de joelhos diante do altar, com as duas pedras na mão, e, enquanto reza em voz alta, faz movimentos com o tronco, levando a cabeça até o chão, empertigando-se, e olhando ora para uma, ora para a outra pedra.

Depois de uns bons dez minutos dessa ginástica, é a hora da prova. Num movimento simultâneo com as duas mãos, o fiel atira sobre o tapete à sua frente as duas pedras chanfradas. As pedras têm uma face lisa e uma face rugosa. Uma representa o positivo, outra o negativo, e isso é o símbolo de tudo na vida: o deus e o homem, o homem e a mulher, a paz e a guerra etc. Atirando as duas pedras ao mesmo tempo, o fiel espera que elas caiam do jeito certo, isto é, uma com a face lisa para cima e a outra com a face curva, que é sinal de estado interior equilibrado — compor-se a unidade perfeita entre o positivo e o negativo. Acontecendo isso, o espírito ali adorado deu mostras de que entendeu as preces, tudo está bem, e o fiel pode prosseguir o ritual. Caindo as duas pedras da mesma forma, isto é, com as duas faces lisas para cima ou as duas para baixo, tudo tem de começar de novo, quem sabe até em outro dia, pois o espírito do alto entendeu que a alma pedinte está sob forte comoção interior e, assim, não está em ordem de se entender com os seres superiores.

Quem acertou o jogo das pedras passa ao segundo estágio: o chocalho. Apanha o tubo com as varetas de madeira e, antes de atirá-las ao tapete para conhecer sua sorte, repete toda a ginástica anterior, de dobrar o corpo, erguer os braços, rezar alto, tudo agora acrescido do chocalhar constante do cilindro. Depois de um bom tempo de exercício, as varetas são atiradas, finalmente, sobre o tapete; elas se espalham no chão, lembrando-me um joguinho inocente que já esteve em moda no Brasil: o ludo. De uma forma que não pude captar bem, certas varetas que ficam destacadas das outras é que darão a palavra final na oração. Cada vareta tem um número, ou um símbolo, e a cada uma delas corresponde, na prateleira da secretaria, uma papeleta impressa onde, à semelhança dos realejos de periquitos, há uma espécie de horóscopo. Encimada por um provérbio, um verso ou um dito popular de fundo moral, a papeleta dispõe sobre situações que hão de ocorrer no futuro, de negócios a amor, de saúde a aluguel de casa, da próxima maternidade a bom êxito na guerra.

Se o horóscopo é favorável e o fiel se mostra contente e confiante com o resultado das orações, compra um rolinho mais ou menos grande de incenso — conforme tenha gostado das predições ou conforme a situação da sua carteira —, bota-o a queimar no altar de terra do lado de fora do pagode. Se o parecer dos deuses, manifestado através da papeleta, não é nada promissor, ou não diz exatamente aquilo que o fiel esperava, a reza não pode ser tentada outra vez, nesse dia. O "parecer" é aceito resignadamente, mas, em outro papel diferente, o fiel escreve os pedidos que desejaria ver escritos no seu horóscopo e, entre gritos de fervor e gestos com a cabeça e com o tronco, atira-o ao fogo, no fosso crepitante. E acompanha com o olhar cheio de fé o papel queimado e o caminho que a fumaça faz no ar até se esgarçar e sumir. A crença é de que a fumaça é o único veículo hábil de comunicação entre os viventes e os deuses. Indo pela fumaça, os votos baterão direitinho no deus certo e, na próxima função religiosa, ele dirá, pela decisão das varetas, se aceitou e vai patrocinar todos aqueles votos pedidos, ou se tudo deverá ser repetido ainda mais uma vez.

No altar principal do pagode, ao lado da imagem do *santo-chefe* da casa, há uma sua fotografia. Trata-se de um general, elevado à condição de santo por sua bravura, grande sabedoria e generosidade.

Esse pagode e seu deus — um general — dão bem uma ideia do tipo de religião existente no Vietnã. É uma religião mais de culto dos antepassados do que de uma linha de divindade única e internacional. E esse pagode de Bien Hoa — quase um subúrbio de Saigon — revela uma mistura ritual tirada de religiões chinesas e hindus que, ao longo dos tempos, exerceram influência sobre o vietnamita.

Outra tradição do Vietnã são as seitas religiosas, nascidas da cabeça de um profeta, um visionário ou um grupo de fiéis descontentes com as opções espirituais existentes no mercado. A característica principal dessas seitas, atualmente muito enfraquecidas, é que elas têm exército próprio e não poucos governos do

Vietnã do Sul tiveram de se bater duro com elas, pelas armas, para poder dominá-las. Duas são as mais famosas: os Hoa-Hao e os Cao-Dai.

Hoa-Hao leva esse nome porque nasceu na aldeia de Hoa-Hao. Seu criador foi um visionário impressionante, de grande poder de persuasão, e que dizia poder entender-se com os mortos; um espiritismo vietnamita. O apóstolo fundador da Hoa-Hao era conhecido como o "bonzo louco".

Cao-Dai, ainda existente e atuante, é uma pizza religiosa, com elementos do budismo, do confucionismo e do culto aos antepassados. Victor Hugo, por exemplo, é um dos santos dos Cao-Dai.

Logo após a independência do Vietnã, os exércitos dos Hoa-Hao e dos Cao-Dai estavam organizados e foi a violência do governo de Diêm contra eles que iniciou a era da opressão no país, vindo em sua sequência, logo depois, as guerrilhas vietcongues. O exército dos Hoa-Hao lutou ao lado do Viet Minh, durante a guerra contra a França.

Seja como for, aqui no hospital a situação religiosa do Vietnã está me importando menos que a tabuleta que o enfermeiro põe na minha cama: "Nenhum alimento depois das 24 horas. Cirurgia de manhã".

Vou, amanhã, para mais uma operação.

29 DE MARÇO
As mulheres da guerra

Saio da cirurgia à uma hora da tarde. Sinto muita, muita dor. Dói por todo lado, mas a dor que mais me irrita é a que sinto nos dedos do pé que não existe mais. É uma dor aguda, como se cada dedo tivesse sofrido um corte a faca entre a unha e a carne. Intriga-me não saber onde coçar, onde passar a mão para aliviar um pouco o sofrimento.

O dia de hoje parece que vai ser penoso demais. Caminho nessa gosmice monótona até por volta das cinco horas, quando recebo uma visita. É a sra. Khon Ty, concessionária do salão de barbeiro do hospital. Soube que eu era jornalista, confundiu isso com ser escritor, e vem me dizer que seu pai também é escritor, já fez vários livros sobre os costumes sociais e as tradições do Vietnã. Trouxe-me um; depois que eu ler este, trará outro. Os livros são em francês e muitos deles seguiam para a França, onde eram muito bem recebidos pela crítica, diz ela. Isso antes da guerra. Agora tudo mudou, diz d. Khon Ty, e seu pai não tem mais sossego para escrever. Mais do que para o pai da sra. Ty, a Guerra do Vietnã está alterando profundamente a situação da mulher na sociedade vietnamita. O assédio do soldado estrangeiro às lindas mulheres do Vietnã não é novo, pois não é novo o soldado estrangeiro no Vietnã. O soldado estrangeiro, num país ocupado, julga-se também dono das mulheres, e os abusos aí são mais que criminosos.

— A gente chega a sentir saudade do tempo dos franceses — diz ela.

A má imagem que os povos conquistadores têm dos povos conquistados é uma constante histórica. Dos mil anos de hegemonia chinesa no Vietnã ficou até hoje um ditado pejorativo, atribuído aos chineses:

— No Vietnã, todo homem é ladrão e toda mulher é prostituta.

Eis o que diz o padre brasileiro que vive em Saigon, está há quase vinte anos no país e trabalha agora numa escola mantida pelos americanos:

— O catolicismo teve de adaptar-se para funcionar no Vietnã. Aqui, roubar, mentir e prevaricar não são pecados.

Michael Field, no seu livro *Vento leste na Indochina*,[41] estudando a situação da mulher no Vietnã, observa:

> É preciso admitir que um aspecto dos velhos tempos insiste em persistir: a presunção do homem branco de que todas as mulheres amarelas são feitas para serem possuídas.

Essa presunção existia também no tempo dos franceses, mas seu efeito sobre a sociedade vietnamita era diferente do de agora. Pão-duro por natureza, o francês queria o amor de graça e

---

41. Lançado no Brasil em dois volumes pela editora Saga, em 1966.

então, pelo menos, fazia romance e semeava ilusões. Um funcionário francês no Vietnã não se considerava em dia com a terra enquanto não pudesse circular com a sua *petite tonquinoise*. De outro lado, o francês chegava ao Vietnã certo de que poderia passar ali o resto da vida, pois o Vietnã e a França eram um só país — pensava ele.

Com os americanos, agora, tudo mudou. O GI chega ao Vietnã com tempo combinado para voltar — um ano — e sabendo que a presença dos Estados Unidos no país é provisória, talvez questão de dias. Não existe, entre o americano e a mulher vietnamita, nenhum ponto comum — os costumes, o idioma, os gostos, tudo é diferente. Pragmático, o americano não quer perder tempo com fazer a corte, iniciar romance, visitar a família. Ele quer uma noite de amor, tem bastante dinheiro para comprá-la, e isso é tudo. De resto, jamais esconde o retrato da noiva ou da namorada que o está esperando em Dallas ou em Pittsburgh.

A mulher vietnamita, que ocupa uma posição obscura e secundária na família tradicional do Vietnã — solteira, é mandada pelo pai; casada, é mandada pelo marido —, está agora sob forte pressão.

— De um lado — disse uma pesquisadora social, em Saigon —, os cursinhos de inglês, a oportunidade de empregos rendosos junto aos americanos e tudo o que lhe segue. De outro, o chamamento revolucionário do vietcongue, que acena com uma participação ilimitada da mulher na direção do país e que influencia cada vez mais a juventude feminina.

No dia que assisti à "caçada ao vietcongue" num bairro de Saigon — o dia do copo de chá —, um soldado sul-vietnamita contou-me que tinha entrado em luta corporal com um guerrilheiro muito feroz.

— Quando pude ver seu rosto, tive um choque. Era uma moça linda, parecia uma artista de cinema.

A Frente de Libertação Nacional insiste sempre que as tarefas revolucionárias do povo vietnamita são as mesmas para os homens e para as mulheres. E que a revolução nunca se há de completar sem a participação efetiva do elemento feminino. Um documento da FLN diz assim:

> As mulheres representam metade da população do país e pelo menos metade do esforço revolucionário. Se as mulheres não participarem da revolução, ela fracassará [...]. Além disso, uma sociedade não pode progredir se os seus membros femininos se atrasarem.

Um dos pontos do *Decálogo da libertação* da FLN é este:

> Será realizada a igualdade entre homem e mulher; as mulheres estarão habilitadas aos mesmos direitos que os homens, em todos os campos: político, econômico, cultural, social etc.

Menos do que nas frentes de combate, é na retaguarda e na propaganda que a FLN "explora" a mulher.

Quando, numa aldeia perdida do Sul, aparece morto um funcionário do governo ou um rico proprietário de terras, presume-se geralmente que foi executado pelo vietcongue. Se o homem era simpático e aparentemente benquisto na aldeia, a primeira onda popular pode ser favorável ao morto, com a consequente maldição do vietcongue. É aí que surge um dos trabalhos das mulheres ligadas ao vietcongue: devidamente informadas das razões por que o homem foi julgado e condenado à morte, elas vão para os locais de concentração de mulheres — principalmente o mercado — e logo puxam o assunto:

— Vocês viram o sr. Lin? Coitado, não? Mas desde que eu soube que ele tinha entregado aos americanos o seu próprio irmão, um mocinho que estava nas guerrilhas, eu já esperava isso: esse negócio de traição o vietcongue não perdoa mesmo...

Outra combatente entra na conversa, e vem com mais uma informação, que ela "acabou de saber" da boca de um soldado da guarnição: o tal sr. Lin recebia dos americanos quinhentos dólares por mês para mandar listas de todas as pessoas da cidade que achavam feia a bandeira dos Estados Unidos... O assunto, evidentemente, é o mais animado do dia e, de conversa em conversa, vão aparecendo os "crimes" do sr. Lin, reais e imaginários, até que ao fim da tarde seu passado está mais sujo que a baía de Hong Kong. As razões que o vietcongue tinha para eliminar o sr. Lin, então, aparecem seguramente bem aumentadas pela capacidade que todas as mulheres do mundo têm em descobrir pormenores e detalhes significativos. O papel das "fofoqueiras" é deixar bem claro três coisas: a) o vietcongue é organizado, sabe de tudo e tem força para executar o que decidir; b) ele é implacável, mas é justo; atrás de cada um de seus atos existem mil razões; c) cuidado: ele não tolera traição.

Na iminência do ataque vietcongue à guarnição de uma aldeia e, dependendo das circunstâncias do balanço do poder de fogo, a fofoqueira arranja jeito de levar "informações" aos soldados sul-vietnamitas a respeito do que ela "viu" a noite passada ou do que "ouviu" no mercado. Se o vietcongue está fraco e quer apenas uma rendição e, talvez, promover a deserção de alguns soldados, as fofoqueiras vêm e dizem:

— São mais de mil... Cada um tem uma arma, mas têm também muitas carretas com bombas. Meu marido disse que eles têm um canhão tão grosso como ele nunca viu na vida. E o comandante? É um tipo carrancudo, não fala com ninguém, parece um Gengis Khan...

Se, ao contrário, a batalha vai ser dura e o vietcongue está de fato bem armado, as informações vêm assim:

— Meia dúzia de meninos, tudo morrendo de fome e de doença. A melhor arma que eles têm é uma espingarda de matar passarinho...

Mas nem só fazer fofoca é o trabalho das mulheres combatentes. Nas "áreas libertadas" do país — áreas já sob o controle completo da FLN —, a tarefa de defesa das aldeias é feita por elas, visto que os homens, por trabalharem no campo, podem muitas vezes estar ausentes se houver um ataque repentino.

— Muitas vezes — costumava dizer Shimamoto, o fotógrafo —, o melhor e mais valoroso soldado americano encontra a morte numa bomba caseira, feita por uma camponesa de dentes negros, enquanto masca sua folha de bétele [uma espécie de coca vietnamita].

Wilfred Burchett conta que algumas "aldeias libertadas" da província de Ben-Tre devem sua defesa às mulheres, e elas, engenhosamente, "domesticaram" marimbondos para ajudá-las na missão. São marimbondos ferozes, e uma única picada deles é bastante para produzir dor e febre que tiram de combate qualquer um. Com mais de duzentas caixas de marimbondos escondidas em pontos-chave na entrada da aldeia, as mulheres irritam suficientemente os bichinhos e depois os soltam, quando qualquer elemento não desejado se aproxima.

Armadilhas com pontas de bambu em volta das aldeias, fossos e obstáculos na estrada e mesmo cavernas para esconder alimentação e armas — isso tudo é feito por mulheres, diz Douglas Pike[42] em seu livro *O vietcongue*. E também cabe à mulher, no esquema de guerrilha em certas áreas, conduzir as sampanas (canoas) que levam alimento aos combatentes.

Nas "áreas libertadas" as mulheres são "exploradas" em mais duas coisas: educação de adultos, com objetivo de doutrinação, e

---

42. O historiador e professor americano Douglas Eugene Pike (1924-2002) era especialista na FNL e no NVA (Exército do Povo do Vietnã).

assistência médica. A assistência médica, em nível de aldeia, quase só opera em primeiros socorros no caso de um ataque com muitos feridos; em tempo de paz, a "especialista" em medicina — quase nunca é mesmo uma médica — dá apenas *assistência* moral aos habitantes, ou distribui, quando há, esses remedinhos comuns que aqui a gente compra em bar.

A educação de adultos também quase só é feita por mulheres. Ensinam a ler e a contar e, principalmente, a lutar "contra o imperialismo e os seus fantoches".

Em tudo, o vietcongue está revolucionando o papel da mulher na sociedade vietnamita, mas, num aspecto — o moralismo —, ele faz concessão aos costumes do Vietnã. Para participar da sua organização feminina, exige-se das jovens e das mulheres *um nome* e *um passado* limpos. Se elas, por exemplo, exerceram por algum tempo a tal profissão da vida fácil, precisam primeiro ser regeneradas; só depois, ser combatentes. Essa atitude moralista da Frente permite-lhe explorar amplamente, em benefício de sua propaganda, o nascimento de crianças de pais brancos e desconhecidos, tudo que se refere à vida sexual dos soldados inimigos, e até mesmo o fato de um dos maiores líderes do Sul — Cao Kỳ — gostar muito de mulheres e enjoar logo da que tem. A exortação moral em defesa da família é sempre tema dos discursos feitos aos elementos da liga feminina. E o guerrilheiro, ou qualquer membro da Frente de Libertação, que for acusado de ter, de alguma forma, abusado ou menosprezado moças ou mulheres é muito severamente punido. Mesmo o namoro entre combatentes, em "horário de serviço", é vigiado e controlado.

Para a FLN, as mulheres vietnamitas são "umas heroínas". Por suas virtudes de resistência, de paciência, de disposição para o trabalho árduo e para o sacrifício.

Para Douglas Pike, um americano que ficou seis anos estudando o vietcongue, "a mulher vietnamita é a besta de carga da revolução — a FLN descobriu que ela é capaz de trabalhar mais duro que o homem".

Um vietnamita me disse um dia, quando a gente tomava sopa de peixe no restaurante do mercado de Gia Dinh:

— A mulher vietnamita não tem mais o benefício da neutralidade. Tem de escolher um desses caminhos: de um lado, a vida dura com o *vici*, de outro, a *vida fácil* com os americanos. E a mulher vietnamita tem tradição de bravura e, por certo, não há de escolher a *vida fácil*...

Eu pergunto à concessionária do salão de barbeiro do hospital:

— Ser barbeira num hospital de guerra significa uma posição política, sra. Khon Ty? A senhora é pró-americanos?

— Tudo isso vai mudar, sr. Ribeiro. E não demora.

30 DE MARÇO

Ela era um capitão

As dores diminuíram em mais da metade. Alegria. Tudo no hospital parece que fica mais claro, mais limpo. Até o Horse Power, um sargento bocó e grandalhão que dirige a limpeza da enfermaria e que é sempre antipático e mal-encarado, hoje me parece mais humano. Lá vem ele, com sua vassoura de pano e seu balde com água.

Logo fico sabendo a razão de tanto progresso no meu estado. A operação de ontem foi para suturar as feridas e para retirar as rodelas de ferro que faziam a tração na perna. Agora, com a lesão protegida, sem sangue na cama e sem o peso, tudo melhora muito. Mas continuo não conseguindo nem olhar para a bandeja de comida, a náusea persiste, insiste, resiste. Roy, a enfermeirinha da tarde, condói-se do meu drama e diz que vai me ajudar:

— Assim que sair, vou até meu quarto e arranjo lá alguma coisa diferente para você comer.

Boazinha, a Roy. Há três moças americanas trabalhando aqui no hospital. São enfermeiras de categoria e não estão toda hora mexendo com os feridos. Passam a maior parte do tempo lá para dentro e só aparecem quando há algum galho especial. Apesar de tão importantes, são bem jovens. A primeira que eu vi foi uma loira, alta e magra, imponente no seu uniforme militar de botas e quepe. Apesar da altura, tinha um rosto lindo de criança e um ar de moça indefesa e desprotegida. Quando a vi, pensei que fosse miragem.

— Natassarin, eu me chamo Natassarin — disse ela com voz doce e meiga.

Mary, a outra, é a que ficou mais minha amiga. Menos impressionante que Natassarin, Mary é também bonita. Uma beleza clássica, um pouco sem vida, mas muito reconfortante. Às vezes ela deixava bastante tempo sua mão entre as minhas e depois saía quase se desculpando, dizendo que voltaria logo. Um dia fiquei com ciúme por ela não ter vindo até minha cama e pedi a um dos enfermeiros:

— Chame a Mary, por favor.
— Que Mary, você está sonhando?
— A Mary, ora bolas, aquela enfermeira lá.

E mostrei-a num dos cantos da enfermaria. O moço deu uma gargalhada.

— Ah, você quer que chame o capitão Williams? Pois não.

Fiquei envergonhado. Se eu fosse solteiro talvez até já estivesse, àquela altura, inteiramente apaixonado por Mary. E teria de admitir que, no Vietnã, acontecem mesmo coisas estranhas, como essa de cair de amores por um capitão do Exército americano...

Mas a mais popular entre as enfermeiras é mesmo a Roy, tenente Roy.

Entre os enfermeiros — a turma que funciona diariamente com os feridos —, tem dois aos quais me afeiçoei. Um é Dan, cabeça grande, abrutalhado, burrão. Mas carinhoso até não poder mais. Seu cumprimento é o mesmo, desde o primeiro dia.

— Ei, José! Eu só tomo café da Colômbia, tá bem?

Quando tem tempo, rodeia a minha cama, para conversar bobagens. Traz na carteira uma coleção de fotos de mulheres bonitas, muito pouco vestidas, e acha que está me fazendo um favorzão ao mostrá-las. Faz isso furtivamente, com medo de que algum sargento ou oficial o apanhe em flagrante, considera uma enorme infração disciplinar.

O outro é o Bill, baixinho, tipo de espanhol. No seu horário de serviço, Bill é sério e não dá conversa. À noite, entretanto, já de bermuda e camisa espalhafatosa, vem à minha cama para contar quantas cervejas já bebeu. Às vezes está falando alto, já com a voz pastosa, mas não se constrange e continua rememorando as grandes aventuras que já viveu, em Hong Kong, Bangcoc ou no Havaí. Aqui no Vietnã não está podendo fazer nada além de tomar cerveja, mas acha que tudo está bem e não tem plano nenhum para mudar.

— O hospital é bem melhor que uma base, não é? Pois é, vou ficando por aqui.

Por volta das dez da noite, lá vem a tenente Roy, com o seu jantar extra para mim. Tudo tirado de latas, é uma coleção variada e colorida de frios, patês, fiambradas. Sinto que vou decepcionar a querida tenente, faço um esforço danado para mastigar alguma coisa, mas a náusea suplanta a minha boa vontade. Ela não se impressiona com a cena e diz que dará ordem à cozinha para só me servir, amanhã, ovo cozido. E aposta que dessa vez vai dar certo.

31 DE MARÇO
Uma grande notícia

O cozinheiro, um caipirão do Kentucky, vem pessoalmente me trazer os ovos cozidos. E fica me incentivando para comer todos os que trouxe: meia dúzia!

Consigo comer dois, na base do sal, e isso me anima demais. Peço depois um café preto e fumo em seguida o melhor cigarro desde que estou aqui. Que gostosura! Sinto que, finalmente, estou começando a viver de novo. O cozinheiro promete:

— No almoço vou trazer mais ovos, vai ser bom, *number one*!

Pensando na comida tão limpa, tão farta e tão vitaminada dos americanos, fico lembrando do arroz com molho de peixe — eles dizem molho de peixe podre e não sei se isso é só força de expressão... — que é o prato diário dos vietnamitas. Enfrentado em restaurante de estação, o prato é ainda mais danado. Com o "meu" Nguyen, almoçamos uma vez no mercado de Cholon e o prato foi o tal arroz. Comi como pude, mas Nguyen derramou elogios:

— Que delícia! E é arroz vietnamita!

Nguyen diz que o arroz importado, por causa do acondicionamento e da proteção para a viagem, tem gosto de arroz velho e enjoa logo. Já o arroz da terra não, é mais gostoso e mais fresco. De país exportador de arroz (2 mil toneladas anuais) o Vietnã passou, com a guerra, a receber de fora mais de 60% de suas necessidades. Um quilo de arroz custa em Saigon, neste mês de março, trinta piastras (cerca de oitocentos cruzeiros velhos),[43] e isso pesa bastante no orçamento de uma casa onde, em regra, se come arroz três vezes por dia.

De um almoço a outro, minha lembrança vai àquele dia em que fui convidado para comer na casa de um patriarca — autêntico chefe de clã vietnamita — de Saigon. A conversa foi um verdadeiro show da cozinha vietnamita, misto da francesa e da chinesa, e cujos pratos não cessam de se revezar na mesa. A conversa foi também surpreendente. A certa altura, um dos convivas falou, quando a gente discutia o vietcongue:

— A organização clandestina do vietcongue é fantástica. Veja o senhor, somos aqui quatro vietnamitas e nenhum garante que o outro não seja um guerrilheiro.

Bela, húngaro de nascimento mas vivendo no Vietnã há muitos anos, casado com uma vietnamita rica, afirmou em seguida:

— Numa de nossas fazendas, os empregados convivem normalmente com os guerrilheiros. E nós lhes pagamos os impostos e as taxas que eles cobram, para evitar represálias agora ou no futuro.

Um outro conviva, engenheiro, contou com a maior naturalidade: na cidade onde mora, a oitenta quilômetros de Saigon, o vietcongue está tão tranquilo que há até um general vivendo lá.

— Todos sabem quem é ele, mas ninguém o aponta. Ele vive normalmente, como se fosse um civil.

---

43. Cerca de 2,60 reais em 2024.

* * *

A visita do médico interrompe a viagem dos meus pensamentos.

Ele me enche de esperanças: vai fazer um exame completo amanhã. Se a situação das lesões estiver boa, me liberará e seguirei para os Estados Unidos no avião de depois de amanhã.

Quase não acredito nas palavras do doutor. É felicidade demais!

1º DE ABRIL

Tudo volta atrás?

Bill, o enfermeiro meu chapa, vem de manhã e me veste um pijama. Até então eu estava sem roupa, só coberto por lençóis. Posto o pijama, Bill some, todo misterioso. E logo reaparece, com uma cadeira de rodas: é para mim!

Ajeita-me no carrinho e me empurra para dar um passeio pela enfermaria. Quero ver de perto, um a um, todos com quem troquei olhares e acenos esses dias todos. Como é emocionante voltar a poder movimentar-me! Sinto que, desta, já escapei.

À tarde chega o médico para o exame. Saúda-me pelo progresso.

— Então, hein? Passeando pra todo lado...

O exame é demorado e doloroso. Retirar as bandagens e a gaze da perna dói muito, porque elas grudam na pele e para arrancá-la o pessoal não apalpa nem um pouco, guerra é guerra. E ouço a decisão:

— Não dá. A pele ainda não recobriu toda a área exposta. Talvez até precisemos fazer outra pequena cirurgia, vamos ver amanhã.

O mundo cai para mim, de novo. Outra cirurgia? Isso quer dizer mais uns dez dias pelo menos, e eu não vou resistir. Não aguento mais.

Para coroar a desgraça, voltam as dores, vem com elas a morfina, e até a náusea volta...

Por ironia, nesta data.

2 DE ABRIL
Medo, uma doença grave

Desde que o padre veio falar comigo, vários médicos e técnicos que trabalham no laboratório de análises do hospital me têm visitado. Um deles, o dr. Allende, de Porto Rico, aparece todo dia, e sua conversa me distrai bastante.

Hoje ele me conta como funciona o serviço de saúde no Exército. Fora os médicos e enfermeiros de cada batalhão e cada companhia, há dezesseis hospitais americanos no Vietnã. Este em que estamos é médio, faz de duzentas a quatrocentas operações por mês. Há menores, e os maiores chegam a oitocentas intervenções mensais. Pessoal especializado, material, equipamento, remédios, plasma, sangue — há de sobra, sempre. Por orientação militar, os hospitais só completam 60% de seus leitos. Os outros 40% são reservados para emergência, como a da ofensiva do Tet, quando todos os hospitais ficaram repletos e ainda se diminuiu de trinta para dez o número de dias que cada ferido podia permanecer no mesmo hospital.

Fora das épocas de emergência, o doente só fica até trinta dias. Se não for curado nesse prazo, é encaminhado ao hospital americano de Tóquio, que tem outros trinta dias para recuperá-lo. Se o caso é tão grave que nem aí se resolve, o ferido "está salvo". É, então, encaminhado aos Estados Unidos e, qualquer que seja depois o seu estado, não voltará mais a lutar nesta guerra.

Quando o ferido fica bom no prazo normal, é devolvido à sua base e continua a guerra como se nada tivesse acontecido. Se for hospitalizado três vezes, ganha o direito de atuar na retaguarda sem mais seguir para a linha de frente. Se, mesmo na retaguarda, é ainda uma vez atingido, então já é caso de pé-frio mesmo. Mandam-no para casa, rápido.

Meu número no hospital é 31 843, e vem marcado numa pulseirinha de plástico que puseram no meu braço, logo no primeiro dia.

Pergunto do que se trata e o dr. Allende me diz que esse é o registro de feridos do hospital, neste ano. Quer dizer, antes de mim, já passaram por aqui 31 842 feridos este ano! Mas além das granadas — diz o dr. Allende —, das balas de fuzil, das minas e das armadilhas de bambu, há um outro fator de baixa, na tropa americana do Vietnã: o medo. A doença tem nome, chama-se mal do *short time*, e os sintomas são diarreia, insônia, dores difusas pelo corpo, tonturas. O nome da doença vem do seu agente causal, o tempo, o pouco tempo da chegada aqui ou o pouco tempo que falta para o guerreiro ir embora.

Quando um soldado chega, explica Allende, já vem desconfiando de que a coisa aqui é dura, pelo que viu na televisão ou nas revistas e pelo que ouviu dos companheiros. No fundo, entretanto, acredita que o diabo não é tão feio como o pintam e espera chegar, ver e vencer. Ao primeiro combate duro, quando finalmente se certifica de que a morte aqui está sempre muito perto, bate o medo e ele cai doente, vítima do *short time*. Alguns se curam rápido e vão lutar. Noutros, o processo se complica e acabam voltando para os Estados Unidos, diretamente para tratamento psiquiátrico.

No fim da estada do guerreiro ianque no Vietnã a coisa também ocorre. O sujeito lutou onze meses, esteve muitas vezes em perigo e se salvou, estava enfim para o que desse e viesse e não aconteceu nada. Quando faltam algumas semanas para voltar, vem o *short time*, o medo de um azar que o pegue justinho na hora de ir embora e que ponha a perder a boa estrela que o acompanhou o tempo todo. Aqui mesmo no hospital, diz o dr. Allende, tivemos um caso dramático de *short time*. Era um médico que algumas semanas antes de terminar o seu período na guerra entrou em pane. Tonturas, vômitos e mania de perseguição. Cismou que seu motorista, um soldado americano, era agente do vietcongue e o dispensou, passando ele próprio a dirigir o jipe. Só ia de casa para o hospital e do hospital para casa, e dirigia no máximo de velocidade. Um dia o jipe capotou e ele teve fratura de crânio; ninguém crê que voltará a ser o mesmo.

O dr. Allende está ainda conversando comigo quando chega o meu médico. Cheira a perna:

— O cheirinho está bom. Amanhã a gente faz um exame mais demorado.

3 DE ABRIL
Enfim, a frase sonhada

O dr. Allende vem logo cedo, conforme prometera. Vai guiar a minha cadeira de rodas num passeio do lado de fora do hospital, para chegarmos até o famoso *piéx* (*post of exchange* — *P.EX*). Como é bom ver de novo as árvores, as casas lá no fundo, os caminhões passando. Chegamos no *P.EX* e Allende diz que está pronto a comprar em seu nome, para mim, o que eu quiser.

P.EX é uma palavra mágica no Vietnã. Os vietnamitas dizem que para ficar rico basta ter dois cartões do *P.EX* e saber trabalhar com eles. *P.EX* é a loja militar dos americanos. Só vende ao pessoal em serviço, militar ou civil. Tem de tudo, desde cueca até geladeira, de sabonete a máquina de cinema e equipamentos de som. O preço é baixo, pois os produtos ali vendidos não sofreram incidência de impostos nos Estados Unidos. Estão isentos de impostos no Vietnã e, além disso, gozam ainda de um desconto especial. No Vietnã, ter um cartão de *P.EX* quer dizer ter um GI amigo que compre, com seu cartão, as coisas que o outro quer e que depois vai vender no mercado negro de Saigon e de outras cidades. Em muitas dessas lojas dadas, em concessão, a elementos da terra e, mesmo nas administradas pelos americanos, trabalham vietnamitas. O furto de coisas do *P.EX* atinge tal quantia em dólares que já deu motivo até a investigações por parte de uma comissão do Senado americano.

Além de servir para comprar coisas, o cartão é também usado para converter mercadorias furtadas ou desencaminhadas no transporte. O padre brasileiro que mora em Saigon contou que, certo dia, um caminhão carregado promoveu um acidente em frente ao portão do seu colégio. Os padres saíram e disseram que iam chamar a polícia para verificar as responsabilidades do desastre. O motorista e seu ajudante opuseram-se, gostariam de resolver tudo ali mesmo, sem polícia nem nada. Sorrateiramente, os padres chamaram o Exército e se constatou isto: tratava-se de um roubo de geladeiras, de um *piéx* de Saigon. O caminhão que as levava estava sendo roubado também, era da empresa que fazia o transporte normal das mercadorias para a loja.

Coisas furtadas ou desencaminhadas dos *P.EX* são em seguida expostas e vendidas em plena rua, quase sempre a preços mais baixos que nas próprias lojas militares.

Como fonte de corrupção, o *P.EX* talvez só perca para o comércio de certificado de isenção militar, que custa 50 mil piastras cada (mais ou menos quatrocentos dólares) e é renovável anualmente. Não se contando, é claro, os negócios em grande escala no nível do governo.

O *P.EX* aqui do hospital está muito desfalcado e acabamos não comprando nada. Fica para outra vez.

Voltamos para a enfermaria. Dan, o enfermeirão que só toma café da Colômbia, vem dizer-me que o "oficial de informações" do hospital esteve me procurando e vai voltar. Logo o homem volta mesmo, me cumprimenta com gentileza e pergunta se tenho alguma objeção a ser fotografado.

— Não, nenhuma objeção.

— O.k., muito obrigado.

Em seguida vem um soldado com a papelada para eu assinar, autorizando a foto. Por fim vem o fotógrafo. Quer uma pose otimista. De preferência sorrindo e fazendo, com o polegar e o indicador, uma rodinha e apontando na direção da máquina. Esse gesto é sinal de o.k. entre os americanos, mas no Brasil é um xingamento bem grosseiro. Deixo o sorriso, nego o gesto e o soldado-fotógrafo faz lá a sua chapa, agradece e vai embora.

Sai o fotógrafo e chega o médico. Cheira a perna e começa a arrancar as bandagens e a gaze; é a coisa que mais me dana — não podem fazer isso devagar, com um pouco de cuidado? Não podem ir jogando um líquido qualquer para despregar os curativos da pele e, assim, não produzir tanta dor? Aguenta, homem, é a guerra, sempre essa porcaria de guerra...

Depois que arrancaram todas as bandagens, o médico faz testes de apalpação no coto, vira-se para mim, sorri com simpatia e diz:

— Tá aí, Ribeiro. Você tem passagem garantida no voo de amanhã!

Se eu não estivesse tão dolorido e com tanta desconfiança da minha magreza, eu pulava da cama e saía saltitando que nem saci, para comemorar. Finalmente! Agora vou para os Estados Unidos e lá tudo tem de ser melhor, pois, de qualquer maneira, os Estados Unidos não são bobos de fazer guerra... em sua casa.

4 DE ABRIL
Adeus, capitã Mary

O voo é surpreendentemente cedo e não me dá tempo de dizer um alô para nenhum dos meus conhecidos do hospital. Procuro Mary com o olhar e não a vejo. Gostaria de ouvir o *good trip* que, por certo, receberia desse tão delicioso capitão...

O programa da viagem é este: hoje vou ser levado para Cam--Ranh-Bay,[44] a grande base aérea do Vietnã, de onde saem os bombardeios para o Vietnã do Norte e de onde saem, também, os aviões de longo percurso, num dos quais eu irei. Amanhã levam-me para o hospital militar de Tóquio e, depois de amanhã, para Chicago, via Alasca.

No hospital de Cam-Ranh-Bay há uma placa que, depois, eu veria também no hospital de Tóquio. Está logo na entrada e diz assim:

---

44. Na costa sudeste do Vietnã do Sul, cerca de 290 quilômetros de Saigon. Era uma das três bases que os americanos operavam para a chegada e/ou partida das tropas de seu país.

"Estamos orgulhosos por recebê-lo. Você é um dos mais bravos e corajosos homens do mundo."

Pra mim, isso foi tirado de alguma fita de cinema, onde, sempre, tudo dá certo no fim.

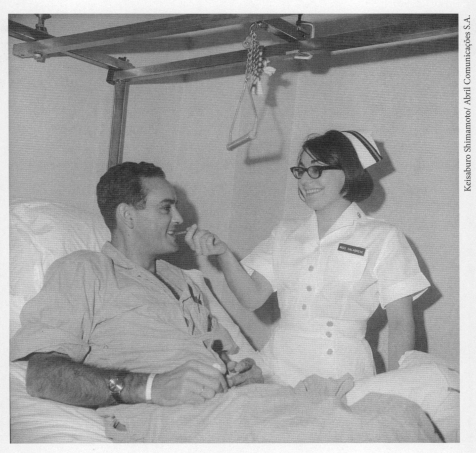

Em maio de 1968, em Chicago, José Hamilton Ribeiro e a enfermeira Calabrese, no período de reabilitação antes da volta ao Brasil.

5 DE ABRIL

Era o Japão?

O avião saiu da base americana de Cam-Ranh-Bay, no Vietnã, desceu no aeroporto da base americana de Tóquio, no Japão. Aí um ônibus americano nos apanhou, levou-nos para o hospital, fomos recebidos, internados, tratados por pessoal americano. No dia seguinte, uma ambulância americana levou-nos para outro avião, no aeroporto americano, para a viagem continuar. Passei 24 horas no Japão e não vi nenhum japonês...

MAIO, UM DIA QUALQUER

Já deixei o hospital militar de Chicago e estou agora num instituto particular, fazendo o tratamento preparatório para receber uma perna mecânica. Recebo muitas cartas do Brasil, de amigos e até de pessoas que ainda não conheço. Parte da minha família está aqui e a sensação de abandono que experimentei nos hospitais do Vietnã não me acompanha mais. Tenho muita confiança de que vou ficar bom e de que vou poder continuar ganhando a vida com o meu trabalho.

Uma vez por dia tomo um táxi para ir de casa para o instituto. Há vários itinerários e, em todos eles, eu noto, em muitas casas, uma pequena bandeira americana tremulando. Pergunto ao motorista do táxi por que aquilo e ele responde:

— É sinal de luto. São famílias que perderam alguém na Guerra do Vietnã...

2005

Guerra é ruim, mas sem repórter é pior[45]

"O dia seguinte foi de rotina, mas nenhum oficial teve coragem de olhar um para o outro."

Citada de memória, essa frase de Taunay está em *A Retirada da Laguna* e se refere ao estado de espírito dos militares um dia após a coluna do coronel Camisão[46] ter decidido deixar para trás, à vista do inimigo, doentes (vítimas de cólera) e feridos. Os paraguaios, após um momento de perplexidade para entender o que estava acontecendo, caíram sobre o grupo dos desesperados, matando-os com arma branca — para economizar munição.

De modo comedido e conveniente para um oficial, Taunay relata que os coléricos, assim que se viram desapeados dos carros em que seguiam, gritavam pedindo que não fizessem isso com

---

45. Este e o próximo capítulo foram acrescentados na edição de 2005 de *O gosto da guerra*.
46. Coronel Carlos de Morais Camisão (1821-67).

eles. A coluna ia tão perto que todos ouviam as lamentações — e seguiam indiferentes a elas. Tão perto ia a coluna que todos puderam ver quando os paraguaios — eles também maltrapilhos e desajambrados — acometeram sobre os indefesos, destripando-os ou cortando cabeças, em meio a risadas e gestos de triunfo.

Taunay esclarece que a covarde decisão tinha sido tomada pelo comandante, o coronel Camisão, mas que este, antes de fazê-la vigorar, reunira-se com toda a oficialidade — uma reunião à meia-noite — para expor suas razões. Os coléricos iam ser abandonados porque transportá-los estava ficando oneroso demais, estava atrasando a marcha da coluna, a Retirada.

Enfim, os doentes seriam jogados fora para os sadios poderem fugir mais depressa. Nenhum oficial, com a palavra à sua disposição, levantou-se para fazer qualquer objeção. Com o silêncio e a omissão avalizavam o ato do comando. Essa foi a razão por que, no dia seguinte, ninguém conseguia encarar um companheiro.

Não sou nenhum especialista em história militar, mas tenho a impressão de que esse episódio da Retirada da Laguna seja um dos mais vergonhosos e pérfidos de todos os tempos. Mais este detalhe: entre os abandonados nenhum oficial, só praças. Entre eles, porém, muitos negros.

O lugar onde os coléricos foram deixados — hoje uma pacata fazenda de gado no município de Jardim, em MS — chama-se Cambarecê, uma palavra guarani, usada pelos paraguaios e que significa: "Lugar onde o negro chora". Seriam os negros maioria, a ponto de isso figurar no nome?

Mas, caraíba, o que isso tem a ver com a guerra, e a cobertura de guerra?

Guerra é ruim, mas guerra sem alguém a escrever sobre ela, é pior. Sem Taunay, que seria a Retirada da Laguna? Mais um obscuro episódio militar, escondido em códigos e relatos burocráticos de quartel, para nunca ser lembrado? Taunay, então com 26 anos, tenente do Exército, foi testemunha (e protagonista) do acontecimento, e, antecipando o gênio de escritor que se confirmaria depois, produziu esse relato de arrepiar sobre os dias que trouxeram de volta ao Brasil a incrível "coluna Camisão" que, de maneira afoita e medíocre, tinha-se metido a invadir o Paraguai sem informação nem logística, o que a levou, após seguidas derrotas, a fugir correndo para casa.

Taunay estava lá como jovem oficial, mas, na verdade, como se viu depois, de militar ele tinha muito pouco. Foi talvez o nosso primeiro e maior correspondente de guerra, antes de ser, como se veria em seguida, grande intelectual e político. Então eu digo: guerra é ruim, mas guerra sem alguém a escrever sobre ela, é muito pior.

Há poucos anos foi assassinado no Rio de Janeiro o repórter Tim Lopes, que fora longe demais na aproximação com fontes do crime organizado, e acabou estupidamente executado. Houve reportagens sobre o que leva um jornalista — como Tim Lopes ou um correspondente de guerra — a assumir uma condição de risco no exercício de sua função. Vieram me entrevistar e respondi assim:

"O que leva um jornalista a uma cobertura de guerra ou a uma situação de perigo, um pouco é vaidade; um pouco é espírito de aventura; um pouco é ambição profissional; e muito, mas muito mesmo, é a sensação, entre romântica e missionária, de que faz parte de sua vocação estar onde a notícia estiver, seja para ali atuar como testemunha da história, seja para denunciar o que estiver havendo de abuso de poder (político, psicológico, econômico, militar), seja para açoitar a injustiça, a iniquidade e o preconceito. Após tudo isso, uma pitada de falta de juízo."

Epílogo
Minha guerra é melhor do que a sua

Desde minha volta ao Vietnã, ando participando de debates, geralmente em escolas e universidades, sobre isso de guerra, de ser correspondente etc.... Muitas vezes, ouvi de estudantes:

"Toda guerra é absurda!"

Claro que não é assim. Guerra seria absurda se o ser humano fosse uma coisa muito arranjadinha e que, de vez em quando, surtasse e fizesse uma guerra. Não é assim. Assim como cadeia, guerra também é coisa de gente. Há guerras odiosas, de conquista, de acumulação, mas há também as guerras dignas de serem guerreadas, guerras gloriosas. O que faria você se sua pátria fosse invadida? Você lutaria ou ia se comportar como um galo capão, o rabo entre as pernas, sabujo diante do invasor?

E outra: é ilusão pensar que a guerra vai acabar. O escritor (pouco conhecido) Geraldo da Costa e Silva diz que, em 3 mil anos de civilização, só houve duzentos anos de paz. E H. G. Wells escreve assim sobre a Primeira Grande Guerra:

"Esta, a maior de todas as guerras, não é apenas outra guerra. Mas a última de todas."

Sobre quantas teria de escrever se vivesse bastante...

Outro cuidado é não carimbar o inimigo para sempre, como fez ninguém menos do que Rudyard Kipling:

"Há apenas duas divisões no mundo de hoje: seres humanos e alemães."

Que explicação daria se vivesse hoje com os "alemães" sendo outros? Há guerras estúpidas, guerras gloriosas, e algumas sem classificação. Jorge Luis Borges escreveu sobre a Guerra das Malvinas, entre Inglaterra e Argentina:

"São dois carecas brigando por um pente."

Em livro recente, pequeno mas de muito conteúdo, *Iraque, a guerra pelas mentes*, Paula Fontenelle entrevista vários correspondentes de guerra e expõe, de maneira bem clara, um calcanhar de aquiles "dessa tribo infeliz", como a definiu Willian H. Russell, do *The Times* de Londres: a competição. Um quer derrubar o outro, se possível pelo furo jornalístico. Se não der por aí, que seja diminuindo o valor do adversário, dificultando seu acesso à notícia, atrapalhando sua vida, coisas assim.

Não sei se ela foi dura demais (a mim me parece que os correspondentes de guerra estejam mais para românticos e justiceiros do que para mesquinhos), mas, de qualquer modo, cada correspondente considera a sua guerra melhor que a dos outros. Ele acha um jeito de dizer que o modo como trabalhou, as peças que imprimiu, tiveram um significado diferente, uma outra luz, que não haveria se ele não estivesse ali.

Os historiadores da correspondência de guerra (a começar com o alentado *A primeira vítima*, de Phillip Knightley) fazem homenagem a muitos jornalistas heroicos e honestos, mas não deixam sem registro a presença na tribo de muito repórter pilantra, sensacionalista, cavorteiro e apresentador.

De qualquer maneira, insisto: se guerra é ruim, guerra sem jornalista (ou escritor) por perto é pior. Foi a cobertura dos correspondentes ingleses que levou a Coroa a melhorar as condições de higiene e de assistência médica nos campos de batalha. E foi a cobertura do Vietnã — sobretudo a dos americanos, e lá, principalmente, a de TV — que fez com que, pela primeira vez na história, o povo dos Estados Unidos se colocasse contra seu próprio governo, de tal forma que fez minar o apoio político com que Washington contava. Isso abalou o moral da tropa e da guerra, levando os Estados Unidos a amargarem a mais pública e humilhante derrota a que já foi submetida uma potência mundial.

A "tribo infeliz" teve a ver com isso.

Dentro do conceito de que cada correspondente acredita que sua guerra é mais importante que a do outro, direi pelo começo:

"A primeira guerra, você nunca esquece..."

A primeira impressão que tive ao chegar ao Vietnã foi a de que tinha desembarcado em país errado. "Cadê a guerra?" O aeroporto funcionando, as lojas abertas, as crianças na escola, o câmbio negro de moeda comendo solto — cadê o papoco que a tevê mostra todo dia?

Vai uma distância muito grande entre o que a TV (ou o cinema) mostra e a realidade de uma guerra. A TV e o filme reúnem episódios, editam, põem ritmo, enfiam música e efeitos especiais, e no fim, o que foi uma coisa monótona e arrastada — como a Guerra do Vietnã — acaba um espetáculo glamoroso o suficiente (se não falso o suficiente) para ganhar estatuetas do Oscar e Leões de Cannes.

A sensação que senti nos primeiros dias de Saigon — a de que guerra era uma coisa distante, e à noite — ouvi outro dia de uma pessoa que chegou do Iraque. Passou vários dias lá, completou negócios, assinou contratos, cumpriu compromissos e só ia saber da guerra à noite, na TV a cabo.

Uma e outra impressão são ilusórias, por certo.

Eu não vi na hora, mas a guerra estava lá, com quanta dor! Como está no Iraque, com dor igual.

Além do fato de que o destino da Guerra do Vietnã teve a ver com a cobertura da imprensa, isto é, com o trabalho dos correspondentes — num mérito que se podia dizer individual de cada um —, há ainda duas constatações: 1) o fato de que, pela primeira vez, havia condições técnicas para a televisão operar na guerra (câmeras pouco pesadas, operáveis por equipe reduzida), e fez isso abundantemente, talvez até ao exagero; 2) o fato de que, por questões de formalismo internacional, a guerra não ficou oficialmente (e inteiramente) na mão dos americanos (ou de outro país forte e organizado). Ficou por conta dos sul-vietnamitas e então, por uma razão ou por outra, a guerra correu meio solta, permitindo, como não se vira antes e como dificilmente se verá depois, uma estranha e larga liberdade de imprensa.

"O Vietnã é o lugar com mais notícia por metro quadrado no mundo",[47] disse um veterano. Um outro afirmava que nem era preciso correr: haveria, todo dia, um furo para cada um. Todos obedeciam a essa ordem geral: descubra uma atrocidade a mais dos americanos e você alcançará a glória.

Correram para o Vietnã jornalistas do mundo todo, e para onde eles foram? Para Saigon, no lado americano.[48] E por que não

---

47. Peter Arnett costumava dizer que, em 1968, Saigon era o lugar com mais notícia por metro quadrado no mundo. Havia um furo para cada um e sem nenhuma censura. "Foi a guerra com maior cobertura da imprensa da História. Na Guerra do Vietnã não havia propósito nacional, nem censura", revelou Arnett em seu livro *Ao vivo do campo de batalha*. Já o jornalista e escritor John Pilger, escrevendo para *The Guardian*, em 1º de abril de 1992, registra: "Diz-se do Vietnã que é a primeira *Media war*: não havia censura e nada escapava da câmera de TV". (N. A.)

48. Peter Arnett conta que para ganhar quinze dólares por foto — ou para infiltrar-se na imprensa —, guerrilheiros vietcongues passaram a frequentar as redações de Saigon e os escritórios das agências de notícias. Um desses fotógrafos fa-

foram cobrir a guerra por Hanói, do lado comunista? Porque eles não deixavam. Só entrava no Vietnã do Norte jornalista previamente avalizado pelo PC de cada país, quer dizer, só carinha que estava a fim de falar bem.

O projeto da minha reportagem na guerra tinha duas partes: uma, do lado Sul (americano); outra, do lado Norte (comunista). A ideia era ver a guerra dos dois lados, para chegar, depois, a uma descrição isenta e imparcial (isso é possível numa guerra? Duvido, mas a ordem era tentar). Como o visto para o Norte não saía, e nem sairia, como soube depois, o jeito foi começar pelo Sul — e ficar por aí mesmo.

Além de ter sido uma guerra "bem coberta" — basta comparar a ação dos correspondentes no Vietnã e nas guerras que vieram depois, como a do Golfo e a do Iraque —, o Vietnã foi também uma guerra de mártires da imprensa. Entre os 2 mil correspondentes que passaram por lá, 66 morreram ou foram dados como desaparecidos, fazendo uma estatística de baixa fatal de 3,3%.

O Iraque começou feroz, na vitimação de jornalistas, mas, com o passar do tempo, a estatística foi caindo e hoje, segundo o livro de Paula Fontenelle, está em 2% de correspondentes mortos. Pelo efeito que a cobertura, sobretudo a eletrônica, produziu na

---

zia parte do grupo que acabou ocupando a sede da AP quando os soldados do Norte chegaram para a tomada de Saigon. Foi até bom, conta Arnett: o tal fotógrafo garantiu que os conquistadores de Saigon não fariam nada contra os jornalistas da AP, avalizados como gente boa pelo guerrilheiro jornalista.

O caso mais explícito de infiltração vietcongue na imprensa ocidental deu-se com Pham Xuân An. Ele era o chefe do escritório da *Time* no Vietnã e autor das principais matérias sobre a guerra — daquela que já era a maior revista do mundo. Quando a guerra terminou, veio a notícia: Xuân era um vietcongue infiltrado. Se era bom no jornalismo, era bom também na guerrilha. Xuân era comandante de regimento. Imagine o que ele não aproveitou daqueles papos *off the records*, nas entrevistas com autoridades de Saigon, oficiais do Exército e da embaixada. (N. A.)

opinião pública do mundo inteiro — principalmente no "público interno" dos Estados Unidos —, a Guerra do Vietnã é chamada de *Media war*. E a do Iraque, por comparação irônica, de *War against media*.

Também num debate em universidade, me perguntaram: "Por que o Brasil não tem tradição em correspondência de guerra? Por que isso não é uma carreira do jornalista, como acontece em outros países?"

Eu respondo, sem blasonar muita serenidade, que jornalismo de guerra depende de no país haver guerra, e haver jornalismo. Por graça do destino, somos um país quase sem guerra, e quanto a jornalismo, não é também que tenhamos muito...

Se temos correspondência de guerra inexpressiva em quantidade, e como rotina em nossas publicações, temos, de outro lado, uma qualidade fantástica nos nossos *war correspondents*, a começar por Taunay na Guerra do Paraguai. Passa por Euclides da Cunha na "Guerra de Canudos" (ainda que a guerra aí fosse mais um eufemismo), brilha com Rubem Braga, Samuel Wainer e Joel Silveira na Segunda Guerra e alcança o pessoal aí, hoje, na ativa, como Sérgio Dávila, diretor de redação da *Folha de S.Paulo* e autor de *Diário de Bagdá*, e mais uma dúzia e meia de repórteres dedicados, competentes e corajosos, sempre com a mala pronta para integrar (ou reintegrar) aquela "tribo infeliz", mas sempre desejada.

OUTRAS REPORTAGENS DA *REALIDADE*

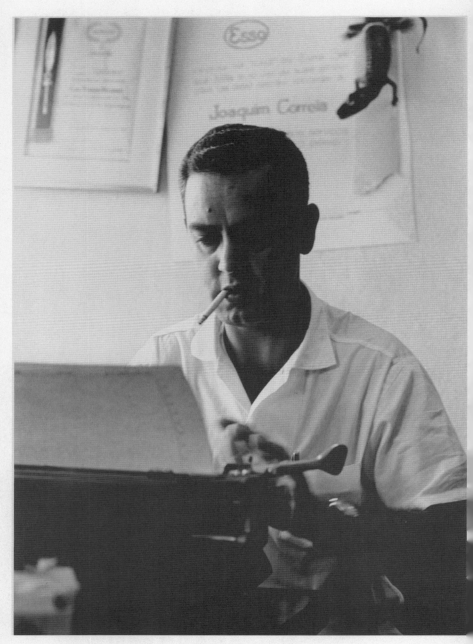

*José Hamilton Ribeiro trabalhando na redação
da revista* Realidade, *da editora Abril, em 1967;
na parede, as premiações da revista.*

Com vocês, a Hebe[*]

Depois que voltei do Vietnã com certa marca da guerra, fui levado a comparecer a vários programas de televisão. Quando me convidaram para o *Hebe*, um amigo se adiantou:

— Recuse, recuse. Ela vai acabar dizendo que sua perna "é uma gracinha"...

O pessoal da revista achou que devia ir, eu fui. Mas fui, como se diz, com um pé na frente e outro atrás: esperando nos bastidores, estava pronto para *engrossar* à primeira provocação. Eu ia ser o segundo entrevistado da noite; Aymoré Moreira, na época o técnico da Seleção,[1] o primeiro. Dener, que seria depois de mim, lutava no espelho para ajeitar a cabeleira e o colarinho. Pensei:

— Futebol, guerra, alta costura... Para lidar com assuntos assim tão variados, uma pessoa tem de ser ou muito culta ou muito inteligente... Ou então estamos fritos...

---

[*] Publicado originalmente em *Realidade*, n. 44, novembro de 1969. À época do perfil, Hebe apresentava um programa semanal de entrevistas de grande audiência na TV Record.
1. O técnico da Seleção em 1969 era João Saldanha.

A entrevista de Aymoré chega ao fim; o auditório aplaude. De trás do cenário, Sérvulo Amaral, um dos coordenadores do programa, sussurra para dentro do palco:

— Agora, aquele cara que quase morreu no Vietnã. Ficha seis.

Ouço uma porção de palavras bonitas a meu respeito, e logo a ordem:

— Pode entrar, é você.

Sigo para o palco com a impressão de que chegou ao fim a minha dignidade humana: para divertir o auditório, vou ser transformado em alvo de espetáculo, vão usar-me como se eu fosse um macaquinho de circo. Estou desconfiado, na defensiva. Caminho de cabeça baixa e, quando, já no meio do palco, ergo o olhar, tenho um choque: está na minha frente uma figura luminosa, que irradia calor. Hebe olha-me nos olhos, como se quisesse ver através deles a minha alma e toda a minha história, apanha a minha mão direita e a fica apertando, como se há muito a quisesse apertar assim. Sempre com o olhar direto e firme, me diz:

— Zé Hamilton, você não sabe a honra que eu sinto por poder apertar a sua mão. Este é um grande momento da minha vida!

Um ditado me veio à cabeça: um criminoso não consegue olhar diretamente nos olhos de ninguém. Sei que isso não tem nada a ver com o momento, mas, imediatamente, minhas desconfianças desaparecem, sinto-me outra vez digno, forte e seguro. Chego a pensar:

— Aqui tem coisa: ou essa mulher é uma atriz diabólica, a ponto de fingir assim tão completamente, ou então, e isso é bastante improvável, ela está mesmo sendo sincera...

Três dias depois estou de novo na televisão, para outro programa. Ao atravessar um corredor, vejo d. Hebe conversando e fico em dúvida sobre se devo cumprimentá-la ou não. Afinal, ela vê tanta gente, que por certo nem se lembra mais de mim. Enquanto estou pensando, ela me vê, abre o seu sorriso de proporções industriais e vem ao meu encontro:

— Zé Hamilton, você não imagina a repercussão de sua entrevista, que coisa maravilhosa! Todas as minhas amigas estão loucas para conhecer você.

Diz outras coisas amáveis, agradeço encabulado e sigo o meu caminho, com aquele pensamento outra vez:

— Qual será o negócio dessa mulher? Será que ela está outra vez posando? A troco de que essa simpatia toda comigo?

Hoje, terça-feira, estou em sua casa. São 14h30, nós marcamos três encontros, em três dias diferentes, todos a essa hora. Este é o primeiro. A sala de visitas é apertada, e d. Hebe está demorando. O cachorro — um pastor-alemão muito gordo chamado Tinoco de Bergerac — se aproxima e me cheira. Vem um cafezinho. Depois de quinze minutos de espera, vejo por um espelho que ela vem descendo a escada. Não é mais aquela figura luminosa da televisão.

— Estou muito nervosa, Zé Hamilton. Estive a ponto de telefonar para você não vir hoje...

Tenta sorrir, mas o sorriso sai forçado. Tenta dizer alguma coisa e então não se controla mais. Começa a chorar, a princípio baixinho, mas logo soluçando, as lágrimas descendo pelo rosto liso e sem maquilagem. De tempos em tempos procura dar alguma explicação, mas parece até pior — e mais ela se entrega à sua dor. O choro dura vinte minutos. Quando se domina, ela diz a razão de tanto sofrimento:

— Você viu o que o jornal disse de mim?

Eu tinha visto: era uma crítica serena, na seção de tevê, sobre o tipo de programa — com auditório — que Hebe faz, em contraposição com outro, da mesma emissora, feito no estúdio. Jamais poderia imaginar que uma crítica como aquela faria chorar uma estrela como Hebe Camargo.

Era um mistério a mais para mim.

* * *

A nona criança na casa de Fego Camargo, violinista do Cinema Politeama, em Taubaté, era para chamar-se Beatriz. Uma tia interferiu e conseguiu mudar para Hebe.

— Hebe é a deusa da eterna juventude; representa também aquela onda de calor que faz crescer as flores.

Seu Fego nunca foi homem de dizer não. Aceitou o Hebe e no batismo acrescentaram Maria. Com tanta criança em casa, o casal não fazia muita questão do nome. As duas primeiras filhas, cujos nomes tinham sido escolhidos com tanto carinho — Josefina e Première Rose —, morreram antes de completar dois anos. Os outros sete filhos — três meninos, quatro meninas — estavam muito bem. O ano do nascimento de Hebe — 1929 — representa um marco triste na vida do violinista: inaugura-se em Taubaté o cinema falado, e os músicos, que entretinham o público durante o filme, são dispensados. Agora com 82 anos, mas ainda lúcido, seu Feguinho lembra:

— Naquele ano, entre São Paulo e Rio, milhares de músicos ficaram a pão e laranja.

Perdido o emprego no cinema, a família conhece dias negros, Fego conseguindo algum dinheiro em shows e quermesses nas cidades vizinhas. Chega o ano de 1932, com ele a Revolução Constitucionalista, e acontece uma coisa boa a Fego Camargo: ele é incorporado ao Exército de São Paulo, como soldado, para tocar baixo-tuba na banda militar.

Enquanto durou a Revolução, a família tirou o seu pão do baixo-tuba. Quando terminou, a banda foi desfeita, mas o maestro convidou Fego a fazer parte, agora novamente como violinista, de uma orquestra de quarenta figuras, para a inauguração da Rádio Difusora de São Paulo. A orquestra acabou contratada pela rádio e

Fego nunca mais saiu de São Paulo, até aposentar-se, em 1952. Ganha, agora, 152 cruzeiros por mês.[2]

O programa da Hebe, em seu quarto ano, passa por uma crise de audiência. Há as limitações impostas pela Censura; as dificuldades da emissora após três incêndios seguidos, inclusive com a perda do auditório; a existência de "entrevistas obrigatórias"; certo cansaço e desencanto da equipe de produção; e algumas questões internas. Mas ele foi, durante mais de três anos, o mais importante da TV brasileira. O general Candal da Fonseca, quando presidente da Petrobras, tinha uma comunicação a divulgar, e escolheu o programa da Hebe.

— Eu podia requisitar uma cadeia de televisão, mas acho que aqui a mensagem é mais ouvida e fica mais simpática.

A lista de pessoas aprovadas para as entrevistas, esperando vez, tem mais de 2200 nomes, entre eles alguns muito destacados. Umas 8 mil pessoas foram dispensadas. Muita gente — especialmente de firmas comerciais e industriais — tentou entrar através de suborno, e as propostas variaram de quinhentos a 10 mil cruzeiros novos. Durante todo o tempo, um fato raro: havia fila de patrocinadores para o programa. Só os "intervalos comerciais", que nada têm a ver com a verba dos patrocinadores, custam perto de 30 mil cruzeiros novos.

Nestes três anos e tanto, Hebe não tirou férias, não faltou a nenhum programa (seu ou de outro, quando escalada), não impôs nenhum nome para ser entrevistado, não vetou ninguém. Nunca descansou porque, em televisão, tirar férias é um perigo — pode aparecer um substituto que agrade mais. Mas há outro motivo:

2. Cerca de 350 reais em 2024.

— A consciência profissional de Hebe Camargo chega a ser emocionante — diz um produtor do seu programa.

Com isso tudo — mais o seu inegável sucesso pessoal, as seiscentas cartas por mês, a necessidade de trocar o telefone de três em três meses para evitar tantos telefonemas, seu salário, um dos mais altos da televisão paulista —, com isso tudo, Hebe chora e se desmorona quando sabe de alguma maledicência a seu respeito ou lê alguma crítica no jornal. Em qualquer jornal.

— Como uma pessoa incapaz de falar mal de quem quer que seja, Hebe não entende por que possam falar dela. Isso é incrível, mas ela ainda não se conforma com o fato de o sucesso custar caro, principalmente para uma mulher bonita.

Isso quem diz é Blota Júnior. Para ele, Hebe é a primeira mulher com imagem nacional na televisão, conquistada no trabalho duro antes mesmo do videoteipe e da Embratel.

Nove anos, dia da primeira comunhão. Hebe está vestida de anjo azul, mas de tênis. O dinheiro não chegou para um sapato. A família Camargo mora num porão, na rua São Joaquim, em São Paulo. Em casa, às vezes, para comer, só há arroz, e arroz branco, sem molho e sem tomate.

Mas o violinista Fego Camargo é um romântico. Quando fica encarregado de acordar de manhã uma das filhas, posta-se ao lado da cama com o violino e inicia uma valsa, em pianíssimo. Se a primeira não foi suficiente, ele toca uma segunda, uma terceira, até que a menina acorde, suavemente. A pobreza é grande, mas maior é a ternura. Um amigo da família conta que, nessa época, Feguinho encontrou-se com Deodato, outro amigo, de Jundiaí. Na conversa, Deodato diz que tinha prometido à filha que ela passaria férias em São Paulo, mas está em dificuldades. Seu Camargo não pensa duas vezes, traz a menina para passar as férias em sua casa. E, na hora do almoço, naquela casa de porão, o arroz branco tinha de bastar para um prato a mais.

Hebe me mostra a sua casa. É grande, mas simples, ampliada várias vezes sem um plano diretor, com um anexo no quintal, para as dependências de empregados, e um salão, para receber os amigos e para Décio Capuano (o marido) jogar pife-pafe com parceiros certos. Hebe não tem paciência para jogar baralho, não fuma e, de bebida, arrisca de vez em quando a batida que seu pai prepara em ocasiões especiais. A batida de seu Camargo é famosa; alguns de seus companheiros de orquestra, lembrando velhos tempos, nem o chamam de Feguinho; falam Foguinho mesmo.

No salão está um armário com prêmios, medalhas e troféus. São tantos, que alguns tiveram de ir para a estante, embaixo, uma estante quase vazia de livros, só uma enciclopédia e uma coleção encadernada. Nas paredes do salão, dependurados, quadros com distinções e menções honrosas por seu trabalho em campanhas beneficentes. Diante de um deles, ela para e brinca:

— Quem é que disse que só tenho o diploma do primário? Veja, este é um senhor diploma!

Leio: "Diploma homenagem a Hebe Camargo, pela colaboração prestada na divulgação do primeiro aniversário do governo do Presidente Costa e Silva". Assinatura de três ministros.

Hebe é agora, novamente, aquela onda de calor. Ela passa facilmente de um estado de prostração para a euforia. Não se cansa, ri muito, lembra casos, distribui simpatia e energia para todo lado. Mas não consigo esquecer que durante vinte minutos chorou como uma criança. Diante da notícia de jornal, ela chora não apenas porque é incapaz de agredir os outros. Ela chora porque é insegura, porque sente — erradamente, a meu ver — que a sua carreira não tem a sustentação cultural que deveria ter. E teme que, de um momento para outro, todos os jornais passem a dizer: Hebe só tem primário, Hebe não tem cultura, Hebe é medíocre, Hebe só faz perguntas frívolas, ela só sabe dizer "Que gracinha!", e que isso se torne uma torrente incontrolável, capaz de levá-la ao desconforto espiritual e à desmoralização artística. Sente a sua falta de escola como um ponto vulnerável e não é capaz de contrapô-lo ao talento e à inteligência intuitiva que tem de sobra.

Walter Forster é o conhecido diretor de um canal de televisão. Produziu um dos primeiros programas de entrevista de Hebe Camargo, *O Mundo É das Mulheres*. O programa ficou no ar seis anos, com grande êxito, e desapareceu porque, casando-se Hebe, a emissora não encontrou uma substituta à altura. — Entre as candidatas ao posto — diz Walter — havia uma mulher muito bonita, muito conhecida e com vários diplomas universitários.

— O mistério de Hebe — opina ele — é que toda a sua simplicidade, autenticidade, espontaneidade, simpatia, vivacidade e malícia, isto é, toda a sua imensa capacidade de se comunicar envolve, como se fosse um gás, a pessoa do entrevistado e este, mesmo que seja um homem formal ou um técnico bem quadrado, contagia-se e passa também a comunicar-se, a dizer coisas que o povo gosta de ouvir e entende. Sabe o que é? É o *hebismo*, o hebismo pega, contamina...

Hebe diz assim:

— Diante das pessoas, eu não me sinto como entrevistadora; eu as admiro, eu vibro com elas, eu fico gostando e digo isso diretamente, sem reservas e sem receio de parecer ridícula.

— Ela é como é, nunca está representando — acrescenta Walter Forster. Um crítico de televisão do Rio sintetizou:

— Hebe: finalmente uma mulher normal em nosso aparelho de TV.

* * *

Com doze anos, Hebe começa a trabalhar fora. Ganha 60 mil-réis por mês para arrumar a cozinha de uma casa. Começa a frequentar os programas de calouros, imitando Carmen Miranda. Fora uma vez em que foi gongada, nas outras nunca pegou menos do que segundo lugar. Recebia os prêmios em dinheiro e levava para casa.

Do programa de calouros até o dia em que cantou já como profissional — uma música da dupla Brinquinho e Brioso —, tentou vários caminhos. Primeiro formou com a irmã Stela uma dupla caipira: Rosalinda e Florisbela. "A dupla não foi pra frente", diz Hebe, "porque a Stela era muito sem graça e eu tinha vergonha." Veio depois um quarteto. Ela, Stela e duas primas. Quando uma das primas casou, o conjunto virou trio. Casando outra prima, se desfez completamente. Já no tempo do trio, entretanto, Hebe começou a cantar sozinha e a se destacar. Nesse tempo, quase mudou de nome. O diretor artístico de uma rádio disse-lhe que o seu era um nome em baixo, um som ruim para ser gritado no auditório:

— E agora, com vocês, HE-BE CA-MAR-GO...

Havia na época a superstição de que um artista só fazia sucesso se o seu nome tivesse cinco sílabas. Os exemplos eram muitos: Or-lan-do Sil-va, Car-men Mi-ran-da, Francisco Alves, Carlos Galhardo, Nelson Gonçalves, Paulo Gracindo, Osvaldo Moles, Sônia Ribeiro.

O diretor sugeriu um nome de guerra para ela: Magali Porto. Além das cinco sílabas cabalísticas, era um nome no alto, muito bom para ser gritado pelos locutores. Hebe riu muito, mas preferiu continuar sendo Hebe Camargo mesmo, principalmente porque, sem nenhum recurso extra, as cinco sílabas fatais estavam garantidas.

Do tempo da dupla caipira ficou uma história. Apesar de muito nova, Hebe era muito desenvolvida, uma morena do tipo violão, então muito valorizado. O Capitão Furtado fazia o programa onde *a dupla cantava* — no *Arraiá da Curva Torta;* seu Camargo também trabalhava no horário, com sua *Bandinha do Arraiá.* Uma coisa quase em família. Chega um dia e dizem a Hebe que ela vai casar com o Capitão Furtado, seu Camargo já tinha até consentido.

— O quê, papai, o senhor então concedeu a minha mão?

— Pois é, filhinha, ele pediu com tanto jeito, que não tive meio de negar...

— Hebe tem uma memória de político — diz Luísa, sua cabeleireira e uma de suas amigas mais íntimas. — Lembra-se de fatos, pessoas e situações com uma fidelidade espantosa; e conhece uma barbaridade de gente.

O número de pessoas, entretanto, que participam da vida de sua casa é restrito; algumas amigas da alta sociedade, para quem telefona sempre, a cabeleireira, sua irmã e três ou quatro casais do meio artístico ou ligados a Décio.

Muito comodista, sai pouco de casa. Além dos compromissos profissionais, sai para fazer compras — gosta muito — e, eventualmente, para ir ao cinema, ao clube de campo no fim de semana ou a um show de boate, quando gosta do artista. Quase não vai a teatro porque o marido não gosta, e a lugares públicos nunca vai sem ele. Onde Hebe se esparrama e se sente um peixe dentro da água é com a família Camargo. Todos os irmãos e irmãs estão casados, mas todos aceitam a sua liderança — em muitos casos precisam dela. Não há problema — seja um emprego ou o pagamento de uma taxa escolar — que não exija uma decisão da irmã caçula.

— A Hebe não é irmã, ela é mãe dos irmãos — diz seu Feguinho.

O casal de velhos — ambos com 82 anos — vive numa casinha comprada pela filha; na mesma situação estão três irmãos (nunca se falou em aluguel). Hebe preocupa-se muito com o pai. Apesar da idade, ele é "muito levadinho" e vira e mexe está aceitando convites para tocar violino em festas de aniversário. Quando descobre, Hebe não o deixa ir, sempre com medo de que ele tome um uísque a mais. Para melhor controle, ela vê os pais todos os dias: ou vai à casa deles, ou manda buscá-los para a sua. E fica namorando os dois velhinhos. Às vezes está conversando com eles e sai de repente para chorar no quarto. É que lhe ocorre, no meio da conversa, que eles um dia morrerão.

Quem conhece os pais de Hebe diz que ela é uma síntese perfeita dos dois. Seu Camargo, apesar da origem humilde, mantém a postura elegante, conversa bem, não dispensa na lapela um crachá da Revolução de 1932, sorri bastante, é delicado, romântico e incapaz de dizer não. D. Ester é um espírito irrequieto, os olhinhos vivos percebendo e maliciando tudo. Perguntei-lhe como era sua casa, ela explicou:

— Aqui embaixo, a sala, a copa e a cozinha. Lá em cima, o banheiro e os dois quartos. Num dorme o Fego, noutro durmo eu; agora não adianta mais dormir junto...

Quando era apenas cantora, Hebe tinha uma blusa de que gostava muito. Um colar de argolas, como enfeite, cruzando o regaço sob o seu busto cinematográfico. Quando punha essa blusa, sabia que vinham brincadeiras. Uma delas:

— Você desmancha os noivados, mas mantém as alianças junto ao peito, hem?

Hebe só conhece o sucesso. Pouco depois de passar a cantora profissional, ganhou um apelido: "Estrelinha do Samba". Logo depois seria "Estrela de São Paulo". Bonita, exuberante, expansiva, simpática, tornava-se logo o centro de atração onde quer que estivesse. Não havia homem que não a notasse, e daí lhe vem — segun-

do um velho homem de rádio e televisão de São Paulo, muito atento a essas coisas — um título que dificilmente perderá:

— Ela foi a mulher mais cortejada do ambiente artístico durante quase vinte anos.

A sua aparente disponibilidade sentimental, aliada a histórias que se inventavam, criaram para ela, durante certo tempo, a imagem da mulher fácil. Ninguém se dava conta, entretanto, de que ela sempre morou com a família e que, nos dois anos em que foi cantora de boate, trabalhando de dez às quatro da manhã, o pai ou a mãe, todas as noites, iam com ela e ficavam até o fim, esperando o show terminar.

Teve muitos amores e só se casou com 35 anos. Foi noiva três vezes; a primeira, com dezoito anos, de um pistonista — "Ele era ciumento demais"; a segunda, de um artista — "Esse noivado durou pouco, foi um equívoco mútuo"; e, a terceira, de um homem muito rico, da família Matarazzo. Esse caso durou quase dois anos e, no rompimento, Hebe devolveu-lhe os presentes que havia ganhado como namorada e noiva. Uma amiga diz hoje:

— Se ela tivesse ficado só com as joias, nunca mais precisaria trabalhar.

O caso mais longo não deu em noivado, nem poderia dar em casamento; o rapaz era separado. Tratava-se do diretor de uma estação de televisão, muitas vezes confundido — nas fofocas do ambiente — com Vítor Costa, o próprio dono da empresa. Mas ela amargou também algumas desilusões. Apaixonou-se uma vez — "perdidamente" — por um animador de auditório. Ele também a queria, mas, muito galã, cortejava ao mesmo tempo três outras moças. Era uma disputa e Hebe se preparou para ganhá-la — como sempre. Foi então fazer temporada fora de São Paulo, tomou bastante sol, comprou um lindo vestido cor-de-rosa — era a cor de que ele gostava — e, na volta, foi assistir ao seu programa. Sentou-se na *primeira fila e montou a surpresa: assim que a cortina abrisse, ele a veria ali pertinho, linda, cor-de-rosa, toda amor. Quando a cortina se abriu, antes que ele a visse, Hebe viu no seu dedo a aliança de noivado.*

— Não assisti mais a programa nenhum. Fui para casa e chorei a noite inteira. Chorei baixinho, porque dormia na mesma cama de uma irmã, no mesmo quarto de meus pais e não queria que eles percebessem. Decidi deixar de amá-lo. Da noite para o dia, não o amava mais, sinceramente, honestamente. Deixei de amá-lo naquela noite, por achar que ele simplesmente não merecia que eu o amasse...

Hebe não perdoa Jacqueline Kennedy, porque não chorou no enterro do marido.

— Perder um marido daqueles e ainda fazer pose! Afinal, homens como ele, Roosevelt[3] e Faria Lima[4] só aparecem de cem em cem anos.

Gosta do presidente Costa e Silva.

— Você viu, ele chorou no dia da posse. Homem que tem capacidade de chorar é porque é bom, não tem veneno na alma, pode compreender o problema dos outros. Que pena que ele esteja doentinho...[5]

Admira Walt Disney e, para minha surpresa, não vibra quando digo que Disney, como ela, só tinha o primário.

---

3. Franklin Delano Roosevelt (1882-1945) presidiu os Estados Unidos entre 1933 e 1945.
4. José Vicente de Faria Lima (1909-69) foi prefeito de São Paulo entre 1965 e 1969.
5. Segundo presidente da República da ditadura militar e conhecido como o "general do AI-5", o gaúcho Artur da Costa e Silva (1889-1969) tomou posse em 1967 e, vítima de uma trombose cerebral em agosto de 1969, foi substituído por uma junta militar.

— É, mas ele era Walt Disney...

A sua insegurança, mais uma vez. Hebe é católica, acredita em destino e não concorda com missa de sétimo dia.

Acha que essa missa é teatralização cruel de um fato que precisa ser esquecido e, pior ainda, a oportunidade que muita gente aproveita para ir observar a viúva e depois comentar que "ela estava até meio alegrinha"...

Com ótima saúde, só procurou médico, em toda a vida, quando foi a hora de controlar a gravidez.

— Olha, se meu caso fosse o normal, esse negócio de reclamar da gravidez ia acabar. Não senti absolutamente nada e só acreditei quando vi minha barriga crescendo.

No dia do nascimento de seu filho — Marcello, agora com quatro anos —, Hebe trabalhou normalmente. Tinha um programa de rádio das quinze às dezesseis horas; um pouco antes estourou a bolsa de água. Ela desculpou-se com os entrevistados por ter de permanecer sentada — "estou muito gripada" — e foi até o fim. Só depois telefonou para a médica.

— O quê? Vá já para a cama; estou voando para aí.

Hebe viveu dois momentos públicos de grande humilhação. O primeiro, num festival de música, em que o simples anúncio de seu nome foi o bastante para iniciar uma vaia monumental. Todo o teatro gritando e assobiando enquanto durou a música. Ela sabia que isso poderia acontecer e, para dar sorte, tinha levado uma imagem de Nossa Senhora, para manter na mão enquanto cantava. Quando seu número terminou, a imagem, de alumínio, estava irreconhecível; com o nervosismo, tinha-a amassado.

— A vaia foi horrível, mas o dia seguinte foi maravilhoso. Minha casa ficou repleta de flores e telegramas, e o telefone não parou

de tocar. Até o general Siseno[6] *(então comandante do II Exército) telefonou para me confortar.*

A outra vez foi mais dura. Uma Miss Brasil, em pleno reinado, esteve no seu programa para contar os motivos de sua renúncia ao título. Como entrevistadora, Hebe fez o seu papel: perguntou. E perguntou bastante, porque, num assunto desses, ela se sente segura e se liberta das fichas que a produção lhe prepara. A rainha da beleza criticou duramente o concurso, a empresa que o promove e os contratos vinculados ao título de miss, criou um grande caso.

O programa foi ao ar normalmente, no domingo. Na segunda-feira, todas as rádios e televisões ligadas ao certame de Miss Brasil leram, a intervalos regulares, um comunicado. Ele criticava a estação, por ter deixado o programa ir ao ar, e depois atacava pessoalmente a entrevistadora, identificada como "aquela coroa já conhecida por suas gafes e insinuações maldosas". No meio fazia tortuosas alusões a suas "aventuras amorosas". Para Hebe, aquilo foi dose muito exagerada. Chorou uma semana inteira e, apesar de ver sua casa outra vez encher-se de flores, jurou nunca mais pôr o pé em dependências da organização responsável pelos ataques.

Mas, se ela sente na pele e acusa na hora, chorando, a menor agressão que lhe façam, tem também uma capacidade enorme de esquecer e de buscar razões que expliquem — e perdoem — os atos dos outros. E já perdoou e esqueceu as duas humilhações.

Agora está com um dilema: a cantora Maysa, que tem programa numa das emissoras da cadeia que promove o concurso de miss, convidou-a para uma grande entrevista lá. Ela não sabe o que fazer.

— Como é que eu posso dizer não à Maysa?

---

6. Siseno Ramos Sarmento (1907-83), criador do DOI-Codi, órgão de repressão da ditadura subordinado ao Exército.

* * *

Após a gravação de um show de que ela e Lolita Rodrigues acabam de participar, as duas, que moram perto, voltam para casa no carro de Lolita. Hebe tem na mão uma sacola onde estão os sapatos que usou no espetáculo. Joga a sacola no banco de trás e as duas lá vão, numa daquelas conversas que não acabam mais. Em frente de casa, Hebe desce, beijinhos pra cá, beijinhos pra lá, entra e esquece a sacola. No dia seguinte, Hebe telefona, depois do almoço — só em condições especiais ela se levanta antes do meio-dia.

— Lolita, e aquele pacote com meus sapatos, está no carro?

Lolita confirma, está lá.

— Uma hora que você vier aqui em casa, você traz, tá bem? É que deixei dentro de um sapato aqueles meus brincos de brilhante...

Hebe não se prende a bem material. Compra muita coisa, mas é capaz de emprestar (ou dar) tudo: roupas, vestidos, sapatos, joias. Principalmente às colegas. Lolita Rodrigues diz:

— É um perigo a gente dizer que gosta de alguma coisa dela. Imediatamente, ela arranja um pretexto para nos dar de presente.

Preza muito a sua imagem profissional e procura estar sempre ao lado dos colegas, seja em casos isolados, seja em problemas de classe.

Cinira, uma mulata de 51 anos, é a babá de Marcello e uma das figuras indispensáveis da casa de Hebe Camargo e Décio Capuano. A outra é Lourdes, "anjo protetor" de Hebe, com ela há mais de dez anos. Cinira foi freira durante dez anos e mantém ainda o voto de castidade; muito instruída, fala italiano com os adultos quando precisam conversar alguma coisa que o menino não deve entender. Além de babá, Cinira é quituteira e responsável pelo portão; ela é quem atende e faz a triagem da multidão de pessoas que procuram diariamente a casa de Hebe; 80% para pedir.

Cinira conta o que considera os seus "dias mais tenebrosos nesta casa". No ano passado, em seu programa, Hebe entrevistou Sábado Dinotos.[7] Por causa das coisas que disse no programa e em outros de que participou, Sábado acabou preso como integrante de um grupo terrorista. Dias após, Décio recebe um telefonema anônimo. O tipo se diz do grupo de Sábado e avisa para ele tomar cuidado: a família de Hebe Camargo corre perigo. Pode ser um trote, mas é melhor prevenir. Cinira recebe ordens de manter o portão fechado a chave, só entra gente com autorização direta de Décio ou de Hebe. Marcello só sai de casa com os pais, dentro do carro. E mais: Cinira fica encarregada de observar todo movimento suspeito na pracinha em frente.

Nos primeiros dias, nada de anormal. No dia 7 de outubro, Cinira vê um Volks parado do outro lado da praça, com três homens dentro. Um deles toma notas numa folha de papel. Ela apanha o binóculo, para observar melhor, mas não percebe o que é que o homem escreve. Parecem estudantes, discutindo uma apostila. Como o carro permanece por muito tempo ali, resolve consultar Décio e recebe a sugestão de avisar a polícia. Enquanto procura o número, disca, explica e a polícia chega, o carro já tinha ido embora.

Dia 11 de outubro, outra vez o carro lá. Uma hora, hora e meia, duas horas. Telefona para a polícia, mas, quando ela chega, já o carro não está mais.

— Parece que alguém avisava.

Dia 12 de outubro, um sábado. Está no quarto, brincando com Marcello, resolve dar uma espiada na janela: outra vez o carro, o

---

7. Seu nome era Aladino Félix (1920-85), terrorista de extrema direita durante a ditadura militar.

mesmo carro, no mesmo lugar. Com um pressentimento, corre ao telefone; mal começa a discar, ouve uma porção de tiros. Deixa o telefone, volta à janela e vê, em frente da casa vizinha, o corpo do capitão americano Chandler[8] *atravessado de balas.*

O cineasta Lima Barreto, criador de *O cangaceiro*, foi entrevistado por ela em setembro último. Quando Hebe precisou ver as horas, ele disse:

— Aproveite e diga que seu relógio é uma gra-ci-nha!...

Em dado momento, Lima Barreto foi mostrar-lhe um livro e recuou:

— Ah, é mesmo, você não sabe ler...

Depois disse alguma coisa triste e olhou no rosto de Hebe:

— Chore, agora é hora de chorar. As duas únicas coisas que você sabe fazer é rir e chorar.

A entrevista não foi ao ar. O grande cineasta brasileiro, nesse dia, errou as medidas de sua veia satírica e a conversa ficou meio cangaceira. Essa e mais a de uma cantora carioca que estava em má situação emocional e não conseguiu cantar certo nem uma vez foram as únicas entrevistas não aproveitadas. Já passaram pelo programa, até hoje, mais de 1600 pessoas. Do dr. Barnard[9] aos vencedores do festival penitenciário; do presidente Frei[10] a um grupo de hippies de São Paulo; de Gunter Sachs — o último

---

8. O capitão do Exército americano Charles Rodney Chandler, veterano da Guerra do Vietnã, foi assassinado em bairro do Sumaré, em São Paulo, em 12 de outubro de 1968, pelos grupos armados de esquerda VPR (Vanguarda Popular Revolucionária) e ALN (Ação Libertadora Nacional), que o acusavam de vir ao Brasil para ensinar técnicas de tortura aos militares brasileiros.
9. O médico sul-africano Christiaan Neethling Barnard (1922-2001) realizou o primeiro transplante de coração de pessoa para pessoa, em 1967.
10. Eduardo Nicanor Frei Montalva (1911-82) foi presidente do Chile entre 1964 e 1970.

marido de Brigitte Bardot — ao homem do periquito e um carregador de malas. Durante três anos, o programa durou de quatro a cinco horas. Hebe fala com doze a quinze personagens por noite, sem intervalos. Às vezes, um entrevistado falta e, em cima da hora, é substituído por outro. No palco, Hebe recebe um bilhete: "Ficha quatro não vale. Entra no lugar a menina que ganhou o concurso de escultura na areia".

Hebe começa a entrevista, brinca com a menina, faz com que ela conte sua história. A certa altura comenta:

— Veja, estamos aqui conversando há tanto tempo e você ainda nem disse ao auditório como é o seu nome.

A menina diz, Hebe então fica sabendo.

Há um rapaz, em São Paulo, que tem um capricho: anotar os erros que ela comete durante as entrevistas. Já a ouviu perguntar o número dos integrantes de um sexteto, a idade de um gêmeo depois de saber a do outro, e prometer que ainda levaria Ibsen ao programa para falar de suas peças. O rapaz diz:

— Comecei a pesquisa de tanto ouvir falar das barbaridades dessa moça. Hoje fico pensando: que pessoa no Brasil, trabalhando nas condições em que ela trabalha e enfrentando assuntos tão variados, cometeria menos erros?

Hebe é uma pessoa simples, quase simplória, sem nenhuma pose. Sente-se insegura por não ter estudado, sofre com isso e procura compensar: quando ouve uma pessoa *culta* falar, bebe as suas palavras sem esconder uma admiração quase infantil. Sabe até onde pode ir: transformou em piada um movimento para fazê-la candidatar-se a vereadora e outro que lhe daria o título de cidadã paulistana. Às vezes tenta *recuperar* o tempo perdido: agora quer aprender inglês a jato, para não precisar mais de intérpretes. Na televisão, o que ela é, é apenas isto: uma pessoa normal, com qualidades e defeitos. Uma mulher brasileira de hoje, da classe média, preocupada com as pequenas coisas de uma dona de casa comum, com as suas mesmas perplexidades e admirações. Um psiquiatra a definiu:

— Hebe é uma autêntica maravilha burguesa. O tipo da mulher que toda família brasileira gostaria de ter como madrinha de um filho. Se está numa posição acima da que deveria estar, não é porque Hebe está errada: a televisão é que talvez esteja.

Aponta-lhe o que pode ser um caminho:

— A televisão devora seus filhos mais queridos. Hebe deveria parar, por um ou dois meses, todo ano, para ver novas coisas, renovar o vocabulário, conservar certa curiosidade a respeito de sua pessoa e criar sempre a expectativa da volta.

"Para viver bem", diz Hebe, "é preciso não ter inveja dos outros — quem tem inveja fica doente — e saber valorizar os bons momentos que a gente tem no presente, em vez de ficar minhocando dias fantásticos no futuro."

Em seu programa, ela está sempre preocupada em mostrar o lado bom das pessoas, em ajudar quem precisa, em levar ao público entretenimento, diversão, felicidade, alegria, otimismo, Agnaldo Rayol, Martinho da Vila, Zé Vasconcelos.

— E quem quiser saber de problemas e assistir a programas culturais? Muito fácil: é só ligar a televisão educativa, ela existe justamente para isso...

Coronel não morre[*]

Às sete da manhã já o coronel está em seu gabinete — a varanda da casa. Como sempre, há várias pessoas ali à espera de ordem: um dos dois motoristas, alguns cabras, o secretariado da cozinha, os meninos de recado. Então o coronel começa a atender os que chegam.

Entra Maria das Flores, acompanhada de duas meninas. Vem para acertar contas:

— O movimento está bom, coronel. Já alistamos 1500 só em Carpina. Estas duas moças também são eleitoras, uma tem dezesseis, a outra dezessete anos, mas nóis aumentamos a idade...

— Aumentou as duas pra dezoito, foi?

— Foi.

— Oxente, Maria, tu feiz as duas irmã ficá gêmeas...

Da cerquinha da varanda, sem entrar, mostra-se um moreno baixo, cabelo cortado rente, os olhos piscando muito:

— Baú tá liso, coronel.

[*] Publicado originalmente em *Realidade*, n. 8, novembro de 1966.

O coronel levanta-se, vai até o homem, passa-lhe umas notas de mil, manda-o caminhar e, antes de voltar para sua cadeira, explica:

— Com toda a cara de bobo, esse aí já matou um. Tirei ele da cadeia.

Entrando pela porta dos fundos, uma mulher muito bem-disposta surpreende o coronel.

— O que cumade, já está raspando a perna do defunto? Nem bem o homem chegou no céu, já vosmicê tá toda enfeitada outra veiz?

A mulher engrola umas frases, mas vai logo ao principal. Precisa viajar para Recife e quer um dinheirinho. Fala das duas filhas que na próxima eleição já vão votar. O coronel corta a conversa, diz uma brincadeira qualquer para um dos presentes, chama Zefa, a cozinheira, para trazer mais um cafezinho e depois apanha a comadre pelo braço e vai conversar lá dentro.

Há bem umas quinze pessoas na varanda, mas continua chegando gente. Todo espalhafatoso, entra Paulo Louco. Vem dar notícias de um jumento que mandou trazer de Minas e que já está a caminho, viajando de navio:

— É animal para novecentos contos, mas sua produção é garantida: só mulas de onze palmos.

Ajeitando a calça, que sempre ameaça cair quando ele está de pé — por causa do cinto fora das passadeiras —, reaparece o coronel. Dá com Paulo Louco e larga boas risadas. Deixa-o contar seus negócios extravagantes com mulas e jumentos, diverte-se um momento, mas logo se dá por satisfeito:

— Vai lá dentro, Paulo. Diz pra Zefa lhe arranjá di comê.

O moço obedece. O coronel, já outra vez acomodado na cadeira, reassume a iniciativa da conversa. Volta-se para um homem que estava a um canto sem dizer palavra, desde bem cedinho:

— Tonho, você está outra vez se enleando com um rabo de saia, num tá? Já andei sabendo disso. Deixa de molecagem, tu já é homem de ter vergonha. A cumade Maria veio queixá que você tá botando casa pra outra muié, e isso num se faiz. Vai pra casa conversar mais com a cumade Maria, e diz pra ela que tu vai largá da outra. E depois vem oceis dois aqui pra jurá na minha frente que tu vai vivê como homi direito, de uma casa só. Dessa idade, e ainda não sabe fazer as coisas...

Tonho diz que sim com a cabeça, levanta e se vai.

Vindo de dentro de casa, aparece na varanda um rapaz de vinte anos, simpático, o cabelo bem penteado e ainda respingando. Falador, discute com o coronel sobre a hora em que veio dormir e garante que não bebeu nada. Nem cerveja. Pede autorização para que um dos motoristas o leve à cidade. Logo que o carro arranca, o coronel conta:

— Esse filho duma égua é meu filho. Agora está morando aqui, porque ele é bom pra eu ditar os boletins de política.

O nome do rapaz é Reginaldo, e o coronel acha divertido o fato de haver um outro seu filho que também se chama Reginaldo. Diz que não se intromete na escolha do nome que as mulheres queiram dar aos seus filhos naturais.

— Isso é problema delas, não interfiro. Mas também não desamparo nenhum.

Fala que não sabe exatamente — parece mais não querer revelar — o número de seus filhos naturais. Uns vinte ou trinta.

— Todos homens. Filho meu, natural ou legítimo, só é homem. Mulher eu não tenho produção própria...

Afilhados, ele tem mais de 10 mil, o que lhe rende um exército de compadres e comadres. Entre os filhos naturais, um é artista de rádio, outro foi famoso salteador em Pernambuco (agora faz parte do seu gabinete); o último tem apenas quatro meses de idade.

A conversa é interrompida por seu Severino. Ele vem dizer ao coronel que um caminhão — "aquele que o senhor ajudou a comprar" — sofreu um acidente e se estragou todo. Sim, dinheiro para o conserto, e como o caminhão é a única fonte de renda da família, estava ali para pedir um eixo cardã novo. Uma jovem bonita acompanha seu Severino, mas se mantém em segundo plano. O coronel quer detalhes. Pergunta se ninguém ficou machucado, quem teve a culpa do acidente, a conversa fica animada, o homem conta tudo, o coronel lamenta o que aconteceu, mas no fim se desculpa:

— É cumpadre, mas eu tô muito sem dinheiro, não dá pra li arranjá a peça.

Aí a moça entra em ação. Insinuante, toda promessas, chega bem pertinho do coronel. Repete a história, dramatizando bastante, dizendo-se nervosa e afirmando que tem certeza da ajuda. O coronel, a essa altura, é mais olhos do que ouvidos. Pede, por fim, que ela volte amanhã, para ele repensar no assunto. A moça diz que sim, acertam a hora, o pai e a filha se despedem. O coronel volta-se para os presentes com um riso maroto e pergunta:

— Quanto custa mesmo o diabo desse eixo?

Antes de chamar todo mundo que está na varanda para o almoço (há sempre comida para muita gente em casa), o coronel ordena a um dos empregados que reúna, às cinco horas, uma meia dúzia de cabras bons de tiro para fazer um tiro ao alvo. Recentemente ele operou uma das vistas e agora quer treinar a mira com a outra, para ver se ainda acerta. Quer também cortar o papo do Fernando — o filho natural que já foi assaltante — pois o menino anda dizendo que joga uma laranja para cima e enche-a de bala antes que ela chegue ao chão. Diz para o empregado não se esquecer de mandar buscar o Zé Vigia — o mais famoso dos seus cabras — e se levanta em direção à copa, fazendo um movimento com a cabeça:

— Vam'bora cumê.

Uma fila obediente segue o gordo coronel Chico Heráclio.

Limoeiro é uma cidade do agreste pernambucano, a faixa entre a Zona da Mata, açucareira, e o sertão. Cortada pelo rio Capibaribe, que nesse ponto vive seco boa parte do ano. Limoeiro tem 30 mil habitantes, bons colégios, ruas quase todas calçadas, emissora de rádio, televisão nas casas e um comércio bem desenvolvido. Tudo isso, mais o fato de estar a pouco mais de cem quilômetros de Recife, devia fazer de Limoeiro uma cidade naturalmente anticoronelista.

Mas é aqui, nesta cidade — "que parece adiantada, mas só lê cem jornais por dia", de acordo com o amargurado jornaleiro —, que o coronel Francisco Heráclio do Rego, ou simplesmente Chico Heráclio, como é mais conhecido, desenvolve ainda atividade impressionante. Ele está com 81 anos e há sessenta sua vontade é lei, não só em Limoeiro, mas em municípios vizinhos, onde também tem terras e votos. Seu raio de ação atinge 50 mil pessoas. Todas conhecem a força do coronel. E a respeitam. Através do tempo a riqueza da família de Heráclio só tem sido aumentada: é dona das melhores fazendas, da indústria nascente — principalmente da de tecidos de algodão e óleos vegetais —, do melhor gado. Isso significa força política, controle sobre a Prefeitura, a Câmara, a Cooperativa, e todos os cargos federais e estaduais da região, como a Polícia, por exemplo.

Pessoalmente, o coronel Chico Heráclio tem treze fazendas e dois engenhos. A maior propriedade fica no sertão e tem quase 30 mil alqueires: a mais famosa, e melhor, é a da Varjadas, muito ligada à sua fama. Ele é o Senhor das Varjadas.

O coronel agora está almoçando. A mesa é simples, em atenção à sua dieta de homem cuidadoso com a saúde. Nada de muita gordura e coisa picante. Carne cozida, arroz, farinha, feijão-verde, queijo assado, cuscuz de milho, banana assada, e uma variedade de legumes cozidos: macaxera, jerimum, cará, inhame, chuchu, batata-doce. Fruta caseira de sobremesa. E café. Bebida nunca. A mesa não é muito grande, mas geralmente almoçam mais de vinte pessoas, em vários turnos. Quem estiver na casa do coronel em hora de refeição só não come se não quiser.

Bem almoçado, o coronel volta à varanda. Outras pessoas e outros problemas o esperam. Nessa época, principalmente, sua atividade é bem maior: as eleições estão próximas e ele vai eleger, pela quinta vez, um filho deputado federal — Francisquinho. Casado três vezes, o coronel tem quatro filhos legítimos: o terceiro, José, prefere ser fazendeiro e o último tem só treze anos. Nenhum é formado, o que para o coronel não é muito importante.

— Único diploma que dou para eles é o de deputado, e o José não tem por que não quer.

Um dos cabras, Antonio da Niquinha, ou Antonio Moleque, entra na varanda, com uma notícia que irrita o coronel. Uma tal d. Maria, que mora para os lados do Ponto Certo, vai fazer hoje um samba em homenagem a Djalma Tavares. Djalma, um produtor da Rádio Difusora de Limoeiro — estação que o coronel praticamente construiu — é hoje o adversário político mais incômodo para o Senhor das Varjadas. O nome de Djalma começou a ficar importante a partir do dia em que ele denunciou um crime de morte violento acontecido em Limoeiro. O crime envolvia a figura do juiz de direito, que era amigo do coronel. Ao desafiar a força da família Heráclio, Djalma ganhou fama e a aproveitou, candidatando-se a deputado estadual. Era um inimigo bastante inconveniente, que além de tudo tentava buscar votos no domínio direto do coronel, prejudicando a votação do Francisquinho.

— A festa vai ser grande — diz o cabra — pois d. Maria já matou um bacuri, três capões e um peru, e comprou bastante bebida. Até já contratou uma zabumba para a dança.

— Moleque — respondeu o coronel —, esteja aqui às seis horas que nós vamos dar um pantim nessa d. Maria. Ela vai aprender a fazê festa pra cabra safado.

Pantim é a tática terrorista que o coronel usa contra os adversários: uma ameaça pesada, com fundo e possibilidade de verdade. Se a pessoa visada dobra-se só com o pantim, tudo certo. Se reage, a ação aparece — primeiro em palavras, depois em atos.

— Só mandar bater e matar é que eu não faço — garante o coronel.

Faz sim. Ele já pôs os cabras atrás de muita gente para deixar a cidade em dia ou morrer apanhando.

Faltam duas horas para o pantim de d. Maria. São quatro agora, hora de comer novamente. Enquanto o coronel ordena a Zefa que prepare a mesa, chegam os seus dois filhos deputados. Do portãozinho de entrada da varanda, pedem a bênção. Erguem a mão direita como se pudessem alcançar a mão do velho, e o saúdam. De sua cadeira ele responde vagamente com a cabeça, e só depois desse gesto eles entram. O maior respeito. Mesmo Herclino, já avô, não fuma na frente do pai. Nem bebe.

— Filho meu só é de maior quando eu morrer — explica o coronel.

Durante o lanche, a conversa é só eleições. Deve ser removido um praça de Limoeiro que anda com minhoca na cabeça. É preciso dar um aperto no prefeito de Cumaru que anda meio mole. Comenta-se a volta da cédula individual, coisa muito boa, mais fácil para o matuto votar.

Depois do lanche, e antes do tiro ao alvo, o coronel dá um giro na cidade para uns expedientes. Vai à Prefeitura apanhar uns selos — todas as taxas municipais de Limoeiro são cobradas através de um selo com a sua efígie; passa na Cooperativa para ver um livro de anotações políticas (o diretor-presidente foi muito tempo seu primeiro-ministro); acerta detalhes com d. Isaura sobre alistamento de eleitores (ela é funcionária municipal, mas não precisa ir à Prefeitura; está comissionada no gabinete do coronel); finalmente abre crédito numa farmácia e num empório para um compadre que está em dificuldade. Em nenhum lugar o coronel desce do carro. Todos vêm até ele, que não conversa muito. Dá o recado que quer, e ordena ao motorista:

— S'imbora, Mané.

Cumprimenta pelo nome a maioria das pessoas, e só para conversar se o sujeito é um contra. Desbocado e direto, não manda ninguém dizer — ele mesmo diz. As crianças o reconhecem no carro e gritam:

— Olha o coronel Chico.

Ele responde:

— Sai pra lá, ximbute!

Se vê por ali uma moça bonita, novinha, manda o motorista dar várias voltas no quarteirão:

— Revólver, automóvel e mulher, pra mim só zero-quilômetro.

Nas campanhas eleitorais a oposição explora bastante seus casos com moças, mas ele até gosta que falem disso.

Da cidade vai direto para o exercício de tiro. Fica contente com a pontaria e acha os cabras muito destreinados.

— É que hoje não precisam mais disso — diz.

— Não é isso, não — replica Fernando —, traz um rifle pro senhor ver.

E chega a hora do pantim. Com Antonio Moleque de cara

amarrada, o coronel toca para a casa onde vai haver a festa para o candidato da oposição. Manda chamar d. Maria, e começa macio:

— Então, cumade, a festa vai ser boa, não vai? Vosmicê já feiz muita despesa, não foi?

D. Maria diz que sim, e cai na armadilha. O coronel destempera, junta gente, arma um caso:

— Quando é pra emprestar dinheiro, ou avalizar letra, é comigo que vocês vão, não é? Na hora do aperto, o arrimo é lá em casa, não é? Pra depois fazê festa pra cabra safado, prum sujeito que quando entra numa casa tira o respeito da família, e faiz todo mundo ficá igual a ele, passando ruge e batom na cara, não é?

O destempero verbal prossegue, e, na beira do escândalo, vem o pantim:

— Olhe, cumade, vosmicê qué fazê festa, faiz. Mas se aquele cabra vier aqui eu mando um dos meus meninos acabar esse forró a tiro. Não é, Moleque?

O coronel vai embora, fica a interrogação: será que ele manda mesmo? Homem pra isso ele tem; coragem também. Enquanto se discute se o coronel manda ou não, sempre surge a voz do bom senso dizendo que, por via das dúvidas, o melhor é avisar seu Djalma para não vir dessa vez, não convém arriscar. Desse momento em diante a festa esfria, perde o sentido. O desânimo chega a outras pessoas que também já estavam se organizando para dar reuniões com o homem da rádio.

— E eu mandava gente dar tiro nas festas. Mandava nada, é só pantim — fala o coronel.

— Já mandou muitas vezes — diz a oposição — e bem podia mandar mais uma.

Entre sete e oito o coronel vai dormir. Na rede, e de camisola. Sua casa de homem solteiro, onde há sempre estranhamente uma ou duas mocinhas, é grande, simples e mal-arrumada. Não tem geladeira, televisão ou vitrola; o próprio rádio está enguiçado. Mas com os carros o coronel é caprichoso. Atualmente tem uma perua, um Impala, um Chrysler, um Volks. E está com ideia de comprar um helicóptero — se não for muito caro — para poder mais facilmente visitar o seu império de bois e de votos. Ele não conhece o Rio, nem São Paulo, nem mesmo João Pessoa. Certa vez um candidato a senador — para obter seu apoio eleitoral — ofereceu-lhe a suplência na chapa. O coronel foi eleito, mas jamais apareceu em Brasília.

— É muito longe, e o povo lá só vive de protocolo...

Não teve escola. Quando o pai o matriculou no colégio, em Recife, houve uma epidemia e ele foi levado de volta para a fazenda, para nunca mais estudar. Exercitou, entretanto, a capacidade de dizer as coisas. E diz realmente o que quer — nas seções livres da imprensa ou em boletins — com bastante clareza, na sua linguagem de matuto e num português bem livre. Suas poucas letras foram postas muitas vezes em causa, nas lutas políticas. Certo governador do estado, militar, que além de compadre havia contado com seu apoio, desentendeu-se com ele e declarou aos jornais que ia pedir a cassação do seu título de eleitor, por analfabetismo. O coronel não deixou por menos: em carta aberta ao *Diário de Pernambuco* contou certas coisas do compadre e terminou assim: "Devo acrescentar que a minha pouca ilustração não chega ao ponto de deixar de avalizar letras e promissórias para muitos doutores, e até para marechais...".

— Fizeram-me prefeito em 1922 e nunca mais eu me livrei da política — lembra o coronel.

Nunca também perdeu eleição para a Prefeitura de sua cidade. E mesmo agora, quando dois municípios foram desmembrados de Limoeiro, ele mantém a hegemonia, elegendo dois prefeitos. A única vez que o eleitorado o driblou foi nas eleições presidenciais de 1960. O coronel ficou com o general Lott, o povo votou em Jânio Quadros.

— Só mesmo aquele cabra arretado pra me quebrar a invencibilidade — diz ele hoje, já sem mágoa.

Faz campanha o ano inteiro. Em agosto deste ano, entre Limoeiro, Carpina e municípios mais próximos, já tinha alistado 4 mil novos eleitores. Entre as despesas que paga para o novo eleitor — meia dúzia de retratos, um lanche, a passagem — está o registro de nascimento. D. Isaura, do seu gabinete, conta que isso é comum por lá. A criançada vai nascendo e só se registra quando chega a hora de votar. Um pelo outro, cada título fica em 4 mil cruzeiros. E o coronel já tinha desembolsado com eles, até agosto, para a próxima eleição, 16 milhões. Fora outros favores, pois distribui máquinas de costura, monta loja para um, bomba de gasolina para outro, empresta vaca com cria para se usar o leite, arranja mula para quem está precisando de montaria, dá casa de graça para morar. E se gaba de nunca ter cobrado juros do dinheiro que empresta. Mas capitaliza tudo, e não só politicamente. Muita pequena propriedade ele adquiriu por bom preço, estando atento à menor dificuldade do matuto proprietário que estivesse pendurado com ele. Chegou algumas vezes a promover essa dificuldade, para depois salvar o matuto com a compra da terra.

Sua proteção aos perseguidos pela polícia é famosa. Recebe cartas de vários lugares, até de autoridades, com pedidos para esconder e defender criminosos. Quando aparece alguém com esse problema, ele quer saber do caso com detalhes, implicações, consequências. Convencido que o homem é apenas um criminoso, e não um assassino, manda-o para uma das fazendas, enquanto um advogado, por sua conta, cuida do caso. Para ele a diferença entre criminoso e assassino é fundamental:

— Criminoso mata numa briga, por questões de honra ou em legítima defesa, onde também podia ter morrido. Assassino mata por perversidade ou para roubar. Esse não presta.

Acompanha o processo até a absolvição. Diz que não tem importância se o juiz é ou não seu amigo:

— Meu negócio é com as testemunhas e os jurados. O juiz sendo honesto já está bom.

Geralmente, cada homem que ele protege de perseguição da polícia torna-se um amigo reconhecido — um cabra.

Mas, mesmo sem ter tido problema com a polícia, há uma porção de gente vivendo em redor do coronel, ou por não encontrar emprego, ou por gostar mesmo daquele ambiente que, afinal, sempre rende alguma coisa. Zé Vigia, hoje tocando a fazendinha que o coronel lhe deu de presente, foi o mais famoso cabra de Chico Heráclio. Uma vez se ofereceu para atirar num governador, que estava apertando muito o seu padrinho. Zé Vigia não senta na frente do coronel. Considera isso grande desrespeito. O velho tem orgulho dele, gosta de contar suas bravuras. E quando alguém pergunta:

— Mas, coronel, o Zé Vigia, assim tão simpático e tão manso, tem mesmo coragem de atirar num homem?

— Coragem, não, menino. Tem é costume...

A frase é mais de piada do que de verdade, corrige o coronel:

— Aqui nunca se matou ninguém.

Em Limoeiro, ninguém é neutro diante da figura do coronel. Ou é seu beato — nome daqueles que o seguem — ou o odeia, e neste caso o mais prudente é não tocar no assunto. O coronel é impiedoso com os adversários e seu maior prazer é desmoralizá--los junto ao eleitorado. Para isso usa boletins, assinados a maioria, anônimos outros.

— Aqueles que eu não tenho certeza, não ponho o nome — diz ele.

A linguagem dos boletins é a mais direta possível, alguns com acusações e ofensas violentíssimas. O coronel paga bom dinheiro para quem vai contar que um político contra está envolvido com uma das coisas para as quais tem verdadeira fixação: ser homossexual, marido traído, ou deflorador. E, se ninguém aparece com um caso desse tipo, cria o boato. A partir daí inicia uma enxurrada de boletins, a cada dia mais violentos, que expõem o adversário às piores situações. Não poupa ninguém. Um seu sobrinho, industrial, em certa época liderou a oposição em Limoeiro. O coronel, em boletim, chegou a dizer que aquele sobrinho havia nascido num período em que o pai, viajando a negócio, tinha ficado dois anos fora de casa. Quando da campanha de Arraes,[1] que o coronel apoiou, uma parcela do clero pernambucano fez restrições ao candidato, através de pregação na igreja. Ele arranjou — e contou em boletim — defloramento para todos os padres que contraindicaram seu candidato nos municípios onde tinha influência política.

Usa o boletim também em seu favor, encomendando-os a trovadores e poetas de feira. E não raro faz ligar à sua figura a imagem do padre Cícero, ainda muito venerado na região. Numa mensagem do além, o Santo de Juazeiro aparece recomendando os candidatos do coronel e lançando sobre os adversários as piores ameaças: "Quando chegar na porta esses camaradas, para você votar no partido deles, pode bater a porta porque é Lúcifer. Alistando ou votando neles, desse dia em diante entra a infelicidade na tua casa, entra a praga, a miséria, a peste bubônica, a bexiga lisa, o mau vizinho, e até mesmo a ferida boba".

1. Miguel Arraes de Alencar (1916-2005) foi prefeito de Recife, deputado e três vezes governador de Pernambuco: na primeira vez, eleito em 1962, por fazer um governo favorável aos sindicatos e às Ligas Camponesas, foi deposto e preso pelos militares que comandaram o golpe de 1964. Viveu no exílio de 1965 a 1979. Voltou a ser governador do estado entre 1987 e 1990, e entre 1995 e 1998.

Em tempo de campanha, a oposição, devidamente despersonalizada num comitê de candidatura, faz também seus boletins atacando o coronel. Então conta os seus inúmeros casos com mocinhas, fala de sua violência e despotismo e ironiza os seus excessos de velho. Como neste trecho de um longo ABC: "No tempo que Agamenon[2]/ era governador do estado/ Só se ouvia o som/ de sua voz estouvado/ Jamais irei às Varjadas/ continuando o assunto/ porque em cada passada/ eu pisarei num defunto".

O coronel Chico Heráclio reconhece que os tempos, hoje, não estão mais favoráveis aos chefes políticos do interior. Lembra-se de 1951, na eleição para a Prefeitura de Limoeiro, em quase 11 mil eleitores a oposição não alcançou 5% da votação. Em 1952, o candidato a governador adversário só conseguiu 47 votos no município. O voto, então, já era secreto, mas conta-se que a coisa já funcionava assim: o coronel dava toda a assistência ao eleitor. E lhe entregava, na boca da urna, o envelope com as cédulas, tudo prontinho. Às vezes o matuto perguntava se podia ver o nome dos candidatos. O coronel respondia:

— Pode, não, oxente. Não sabe que voto é secreto?

O coronelismo em Pernambuco estava então no seu auge. E não era só em Limoeiro.

Em Serraria — quase divisa com o Ceará — o coronel Chico Romão entendeu de pôr para fora o juiz de direito da cidade. Sua força junto ao governo, no entanto, não valia muito no caso, pois juiz é inamovível. Chico Romão resolveu usar seus próprios meios: proibiu toda a cidade, inclusive bares e empórios, de fornecer água ou comida ao juiz. Seu controle sobre a população era

---

2. Agamenon Sérgio de Godoy Magalhães (1893-1952), governador de Pernambuco entre 1937 e 1945, e entre 1951 e 1952.

tão grande que o juiz não teve outra saída — foi embora. Com um adversário político, que depois viria matá-lo a tiros, Chico Romão fez coisa parecida: comprava todas as casas onde ele fosse morar, e o despejava em seguida. O homem acabou se mudando para uma cidade vizinha, Salgueiro, onde afinal se deu o crime.

Zé Abílio, coronel de Bom Conselho, conseguiu o cargo de inspetor do Instituto do Açúcar e do Álcool numa terra que não tinha um só pé de cana:

— Se passar algum caminhão carregado de açúcar por aqui — dizia —, eu inspeciono ele.

Até 1962, nenhum coronel tinha sido processado por assassinato, o que ocorreria com Chico Romão, pouco antes de sua morte. O próprio Zé Abílio passou um susto certa vez, acusado da morte de dois cabras em plena rua, mas não chegou nem a ser pronunciado. E continuou batizando e casando, em Bom Conselho, apesar da opinião do monsenhor Damásio, vigário da paróquia:

— Abre-se o Código Penal ao acaso. Em qualquer página que cair, ele pode ser enquadrado em todos os artigos.

O domínio dos coronéis era intocável. Criminoso que conseguisse asilo de um deles — Lampião e muitos cangaceiros haviam usado essa proteção, no seu tempo — estava salvo, não era mais procurado pela polícia. Em compensação, quem caísse em desgraça não tinha garantia nem com a polícia inteira ao seu lado. Conta-se que um coronel chamou um dos cabras e lhe perguntou:

— Você conhece o padre Olavo?

— Conheço, não, seu coronel. Mas já estou com raiva dele.

— Não é nada disso, oxente: é só pra levar este peru para ele.

— Nesse tempo — diz o coronel Chico Heráclio — eu casava, batizava e aí existia união em Limoeiro, e todos viviam bem.

Ele se gaba de nunca ter deixado uma comissão fiscal, do estado ou da União, mexer nos livros dos comerciantes da cidade. Em 1953 apareceu uma comissão da Secretaria da Fazenda. Foram avisar o coronel e ele, encontrando os fiscais no hotel, quando começavam a jantar, deu-lhes 24 minutos — em vez de 24 horas — para saírem da cidade. Como um deles pedisse que ao menos os deixasse comer, pois já havia pago a diária, o coronel apanhou dinheiro do bolso e colocou na mesa para que não tivessem prejuízo. Só que a janta tinha de ser noutro município.

Segundo jornais da época, Chico Heráclio foi um dos homens mais fortes de seu partido em Pernambuco. Um vereador de Goitá, cidade em que o coronel também agia, escreveu um ABC inteiro para dar notícia de seu prestígio: "O coronel vai eleger/ o governo do estado/ Também uns vinte prefeitos/ e mais doze deputados/ sendo dois federais/ e os outros dez do estado".

Chegou-se a propor, nesse tempo — e houve até reuniões preliminares —, a formação de um pacto de coronéis pernambucanos para escolha de um candidato da área de domínio de cada um. Seria uma reedição do famoso "um por todos, todos por um" que os coronéis do Ceará, inspirados pelo padre Cícero de Juazeiro, haviam firmado em 1911.

— Mas aí veio aquele governador amarelo — diz Chico Heráclio — e então eu cumi fogo.

Refere-se a Etelvino Lins,[3] a quem havia dado grande votação em Limoeiro. Os dois se desentenderam e o governador passou a apoiar o maior adversário do coronel em toda sua zona de influência. Depois, substituiu todos os funcionários estaduais — da polícia às coletarias — que tradicionalmente eram indicados ou removidos pelo coronel. E nomeou delegados e praças com orien-

---

3. Etelvino Lins de Albuquerque (1908-80) foi interventor federal em Pernambuco em 1945, e governador do estado entre 1952-5.

tação de pisar no calo do Senhor das Varjadas e de sua gente. Para Limoeiro, foi nomeado como delegado um oficial da polícia, coronel Higino, que tinha atuado nas volantes contra Lampião.

— O tratamento que eles me davam — diz o coronel Chico — era o mesmo dos cangaceiros. Cercavam minha casa, desfizeram comícios e até planejaram minha morte. Mas eu não amoleci. Numa eleição mandaram para cá duzentos soldados, mas eu tinha mais cabras do que isso.

Etelvino Lins ficou cerca de dois anos no governo. Substituiu-o o general Cordeiro de Farias[4] e a paz voltou aos domínios do velho chefe. Sob o governo de Cid Sampaio,[5] a coisa não andou boa para o coronel, até que chegou à campanha de Arraes. Como a maioria dos coronéis, Chico Heráclio apoiou, por obediência partidária, o candidato da esquerda. Durante a campanha o coronel gritava:

— Potoca esse negócio de que o dr. Miguel Arraes é comunista. Em Pernambuco basta um homem ser de bem, preocupar-se com os pobres, para ser chamado de comunista.

Eleito Arraes, o coronel viu-se novamente de cima. Mas por pouco tempo. Logo que a movimentação dos camponeses por reforma agrária, salário mínimo, férias, estabilidade começou a beirar seus domínios, o coronel virou uma fera. E ficou mais irritado ainda quando se certificou que o governo, dessa vez, não estaria do seu lado. Partiu violentamente para os boletins — "essa liga camponesa é a vergonha do Brasil" — e dispôs-se a tudo, como

---

4. Participante do movimento tenentista na década de 1920, Osvaldo Cordeiro de Farias (1901-81) participou ativamente dos golpes militares de 1930, que extinguiu a chamada República Velha, e de 1964. Foi interventor do Rio Grande do Sul e governador de Pernambuco entre 1955 e 1958.
5. Cid Feijó Sampaio (1910-2010) foi governador de Pernambuco entre 1959 e 1963.

nos seus melhores tempos. Mas o pesadelo passou. Com a revolução subiu ao governo um seu amigo, vizinho de fazendas e velho companheiro de lutas políticas, o governador Paulo Guerra.[6] Hoje o coronel entra no Palácio do Governo a qualquer hora, sem avisar. E quanto ao futuro governador — Nilo Coelho[7] —, deposita nele as maiores esperanças, pois, além de terem pertencido ao mesmo partido, Nilo é filho de um grande coronel do sertão, o coronel Quelê.

Mas, mesmo com tudo isso, Chico Heráclio sentiu perder um pouco o pé. Nesse meio-tempo, veio a adoção do retrato no título de eleitor, que acabou com o "eleitor mais barato e mais obediente, o defunto", como dizia o coronel Zé Abílio. E Limoeiro perdeu, entre as eleições de 1955 e de 1960, 2500 eleitores. Para Chico Heráclio foi um desastre. Ele, que sempre garantia a eleição de três deputados estaduais em sua área, teve uma surpresa: dos três indicados, um não foi eleito por duzentos votos.

— E sabe logo quem? — pergunta o coronel. — Logo o Francisquinho, meu filho. Isso não podia ficar assim, e o recurso foi comprar o resultado das urnas impugnadas. O menino acabou tendo voto até no Alto São Francisco. Agora estou mais cuidadoso, só mando votar é nos meninos mesmo...

— Nenhum coronel deixa sucessor — afirma Marcos Vilaça, filho do ex-primeiro-ministro do coronel Chico Heráclio e autor de um livro importante sobre o coronelismo em Pernambuco.[8]

Mas o velho Senhor das Varjadas acredita que seu filho Fran-

---

6. Paulo Pessoa Guerra (1916-77) era vice-governador eleito na chapa de Miguel Arraes. Com a deposição deste, assumiu o governo do estado em 1964 e ficou no cargo até 1967.
7. Nilo de Sousa Coelho (1920-83), filho do coronel Clementino de Souza Coelho, foi nomeado pelo governo militar para governar Pernambuco entre 1967 e 1971. À época da reportagem, ele já estava escolhido, mas ainda não fora empossado.
8. *Coronel, coronéis*, de Marcos Vinicios Vilaça, lançado originalmente em 1965.

cisquinho, deputado estadual, reúne muitas condições para sucedê-lo no posto; "quando padre Cícero me chamar". Os estudiosos do problema, porém, acham que o tempo dos coronéis já passou, ainda que dois de seus pilares ainda estejam de pé — o latifúndio e as relações servis de trabalho. O poder original de um coronel, depois de sua morte, reparte-se entre vários pequenos líderes e nenhum deles — por não haver mais aquele isolamento de uma estrutura fechada — consegue a hegemonia total sobre os outros.

Nada disso preocupa o deputado Francisquinho Heráclio. Por via das dúvidas, ele mora na Fazenda das Varjadas, onde seu pai começou. Algumas das suas façanhas já estão ficando conhecidas. Como esta: em março deste ano corria animado o baile no clube de Limoeiro. Um dos filhos do Francisquinho dança com a namorada. Lá pelas duas da madrugada, um gaiato resolve perturbar o romance e dirige uma gracinha à pequena. A reação é instantânea; o rapaz vai de bofetão sobre o engraçadinho, que topa a briga. Vem mais gente, arma-se o rolo, acaba o baile. Os soldados de plantão no clube põem panos quentes, mas o delegado e o sargento, postos em brio, querem mostrar independência e levam preso o filho do deputado. Vão acordar Francisquinho em Varjadas e ele chega à delegacia às quatro horas. Vai direto ao delegado:

— Escuta, cabra, você tocou no menino?

— Não, isso eu garanto.

— Então escapou de morrer. Agora manda abrir a cela.

— Já dei ordem para os praças soltarem-no às cinco horas. É só esperar um pouquinho.

— Eu disse agora, capitão. Já!

O delegado não discute. Chama um praça e ordena:

— Solta o moço.

— Eu não disse — grita o deputado — para soltar o meu filho. Eu disse para abrir a cela, e isso significa: soltar todo mundo...

Abre-se a prisão. Todos os presos são libertados. No dia seguinte, o delegado e seu sargento são recolhidos para Recife: trinta dias de cadeia cada um.

Quando contam o caso, o sorriso de Francisquinho faz lembrar o pai.

Chico Heráclio pode até não ser o último dos coronéis do Nordeste.

Uma vida por um rim[*]

Valter Mendes de Oliveira, 41 anos, três filhos, sócio de uma torrefação em São Paulo, é bastante cuidadoso com a saúde. Ele já andou bem ruim e agora tem suas cautelas. Logo cedo, na hora do café, toma sua pílula diária. É um remédio caro, que vem do exterior e que só seis pessoas no Brasil usam.

— Quando me levanto, já pago três contos por minha vida.

Se acontece de furar um pneu quando ele está sozinho no carro, não troca; pede ajuda. Muita gente estranha aquele homem com quase setenta quilos, cheio de saúde, pedir que lhe troquem o pneu. Porém, todos ajudam de boa vontade quando ele explica a razão: tem um rim só. Mas não é por isso que não troca pneu.

— É por causa dos 98 pontos que eu tenho na barriga. Evito qualquer esforço para impedir uma hérnia. Só pelo rim eu arrastava até um caminhão.

Valter é católico, mas desses católicos que acham que Deus

---

[*] Publicado originalmente na *Realidade*, n. 9, dezembro de 1966. A reportagem recebeu o prêmio Esso de Jornalismo.

não deve ser incomodado com pedidos pessoais. Por isso, quando foi para o hospital receber os 98 pontos, e — na opinião de sua família — morrer durante aquela operação que nunca tinha sido feita antes na América Latina, não fez nenhuma promessa. Mas não pôde impedir que os outros fizessem por ele. E teve que pagá-las depois. A primeira, feita por um amigo baiano, era subir a escadaria da Igreja do Bonfim, em Salvador. Outra, acompanhar descalço a procissão de São Benedito, em Paraty. Velas do seu tamanho, já mandou mais de cem para Aparecida do Norte. Só falta uma promessa, ideia de um parente lusitano: beijar a imagem da Virgem, em Fátima, Portugal.

Em novembro de 1964, um ano após ter se certificado de que tinha uma insuficiência renal irreversível causada por nefrite mal curada, Valter era um homem condenado à morte. Entrara no período final da doença. Não havia, no Brasil, tratamento para o seu caso. Mas, no fundo, alguma coisa lhe dizia que ele ainda ia escapar. Um dia chegou ao consultório do seu médico com um recorte de jornal na mão:

— O negócio está aí, doutor. A bruxa não vai me engolir assim tão fácil, não.

O recorte trazia a notícia do tratamento de rins feito em cachorros, na União Soviética.

— Transplante em cães não é nada, Valter. Em cinco países do mundo já se faz transplante em gente. Mas, infelizmente, essa possibilidade não existe no Brasil, hoje.

O médico era um conhecido nefrologista de São Paulo. E Valter sabia que ele era de uma franqueza até rude. Não conseguia mentir, enganar ou esconder. Mas nesse dia escondeu. Não contou ao seu cliente que havia um plano em andamento no Hospital das Clínicas, justamente para transplante de rim humano. Era um plano ainda — não se previa data para ser executado e nem era coisa para se resolver de uma hora para outra. Mas existia.

O professor Campos Freire, responsável pelo Departamento de Urologia do HC, já tinha feito várias viagens para o exterior cuidando disso e agora estava na Europa. O próprio nefrologista já tinha estagiado num hospital americano que fazia transplante. O plano previa uma primeira experiência. E não poderia ser ela tentada com Valter que ia, mesmo, morrer? De volta da Europa, o professor Campos Freire aceitou a ideia e assumiu a responsabilidade do caso. Reunindo especialistas de três clínicas do HC, montou-se uma equipe de alta categoria. E, finalmente, no dia 21 de janeiro de 1965, Valter Mendes saiu da mesa de operação com três rins: os dois dele que depois seriam extraídos e mais um, novinho, tirado de seu irmão Orlando.

— Eu mudei meu aniversário. Agora todo dia 21 de janeiro tem festa lá em casa, com bolo, cerveja e velinha.

Na sua condição de primeiro transplantado de rim do Brasil, Valter impôs-se uma tarefa: a de ajudar, em tudo que puder, os seus futuros colegas de rim alheio. Por isso, naquele dia de outubro último, andava nervoso e preocupado. Numa de suas visitas ao Hospital das Clínicas, onde todos agora — do professor ao empurrador de carrinho — são seus amigos, contaram-lhe que um nissei de dezenove anos estava sendo preparado para o transplante. Valter sabia que essa preparação era longa, dolorosa, dramática. E a pergunta não o largou:

— Será que ele vai aguentar?

Emílio Sakotashi, descendente de japoneses de Curitiba, está servindo o Exército. Em julho de 1966 baixa à enfermaria e é logo dispensado do Serviço Militar: está com uma grave doença dos rins. A família consulta vários médicos da cidade até que um especialista indica a única e remota possibilidade de que ele se recupere: o transplante renal. E só o Hospital das Clínicas, em São Paulo, pode tentar uma coisa dessas — se no caso de Emílio ainda for possível tentá-la.

A família Sakotashi vai para São Paulo. Emílio é internado no Hospital das Clínicas com função renal quase nula; está no período final da doença. A partir do momento em que ele dá entrada na enfermaria do sétimo andar do HC, um longo caminho começa a ser trilhado. Através desse caminho, os médicos chegarão a duas informações básicas: a) os dois rins de Emílio não funcionam mais e vão levá-lo à morte rapidamente; b) dependendo de uma série de circunstâncias, o transplante de rins, no seu caso, pode ou não ser tentado.

Emílio tem muitos irmãos. Um deles é Tadaro, simpático, alegre, quartanista de engenharia e, como todos os outros, disposto a tudo para salvar a vida de Emílio. Tadaro já andou se informando sobre transplante e tem uma grande esperança, pois sabe que a operação tem quase total garantia de êxito quando o doente tem um irmão gêmeo. Na primeira oportunidade, pergunta a um dos especialistas que estão cuidando de Emílio:

— O senhor sabe, doutor, que ele é gêmeo? Isso torna o transplante garantido, não é?

— É você o irmão gêmeo? Isso é fabuloso...

— Não, doutor, não sou eu, não. Eu sou mais velho quatro anos. O gêmeo dele é minha irmã, Ioko...

A alegria desaparece do rosto do médico. Ele explica então que o gêmeo que garante a assimilação sem problema no transplante de órgãos é o gêmeo univitelino, de constituição genética idêntica à do irmão. Ioko é tão distante geneticamente de Emílio como qualquer outro de seus irmãos:

— Além disso, ninguém sabe ainda se Emílio vai ser transplantado. Há algumas grandes batalhas que ele tem de vencer antes de enfrentar a guerra na mesa de operação. E cada uma dessas batalhas é eliminatória: não se sabe se as vencerá. O fato de ter uma irmã gêmea não deixa de ser uma esperança a mais, mas é só isso.

Tadaro engole em seco.

Desde que chegou ao hospital, o doente está sendo submetido a uma infinidade de exames visando saber se sua insuficiência renal é uma doença primária do rim, ou se é apenas reflexo de uma moléstia mais ampla. Se a função renal for deficiente em consequência de doenças de outra origem, de nada adiantará colocar-lhe um rim novo, pois a causa não seria removida, e tudo voltaria outra vez.

Emílio vai para uma série de exames clínicos, radiológicos, de laboratório e vence a primeira parada: sua doença é só do rim mesmo. Confirma-se o diagnóstico que o especialista de Curitiba havia feito logo no começo: insuficiência renal causada por glomerulonefrite crônica, possivelmente agravando uma má-formação congênita dos rins. Ao lado disso, é constatado que todo aparelho urinário (bexiga principalmente) está em boas condições.

Tadaro quer saber o que é exatamente glomerulonefrite crônica e para isso procura um dos internos do sétimo andar. Os internos são estudantes do último ano de medicina que prestam serviços nas várias clínicas do HC. O estudante dá-lhe então uma aula sobre o rim. Explica que a missão principal do órgão é filtrar o sangue, livrá-lo de todos os excessos de sais e água que se tenham infiltrado em sua massa. Cada unidade funcional do rim chama-se néfron (nefro em grego quer dizer rim). E há cerca de 1 milhão de néfrons em cada rim. Numa imagem bastante livre — diz o estudante —, um néfron pode ser comparado a um bichinho de cabeça grande e corpo em forma de cauda, tortuoso e comprido. A cabeça seria o glomérulo; o corpo-cauda, os túbulos. Há mais de cem quilômetros de túbulos em cada rim. A olho nu, a cabeça do bichinho — o glomérulo — se assemelharia a um grão de areia; no microscópio, parece um intrincado novelo de pequeníssimos vasos. Esse novelo é o filtro, que o sangue tem de atravessar. As partes sólidas do sangue — glóbulos sanguíneos, proteína — são aí retidas, para pronto reaproveitamento. O excesso de água, com todo tipo de impurezas que possa conter, passa para os túbulos, onde sofre uma revisão final. Os elementos de que o organismo tem necessidade — ácidos aminados, glicose, sais minerais — são então reassimilados na dose certa para o sangue, e a chamada escória (ureia, ácido úrico, sais e água em excesso) é encaminhada, através dos túbulos, a um receptor. Esse receptor, que tem comunicação com todos os néfrons, vai dar, na saída do rim, no ureter — canal em que é transportada a escória (agora urina) para a bexiga, onde ela é armazenada para ser expelida oportunamente.

Num dia, passam pelo rim perto de 180 litros de sangue, em contínuo processo de purificação e equilíbrio. E se produz, em média, um litro e meio de urina.

O que estava acontecendo com o descendente de japoneses era isso: os glomérulos dos dois rins não funcionavam mais. O sangue, que chegava desequilibrado ao rim, saía igualmente desequilibrado, pois não havia filtro e purificação. Ele não urinava quase nada. Com isso, seu organismo ia pouco a pouco se envenenando, e o resultado seria a morte. A única solução médica para o seu caso era colocar no organismo de Emílio um rim novo, de glomérulos e túbulos ativos e eficazes. É o que se estudava se era possível fazer.

A preparação de Emílio continua: a próxima batalha é a do seu estado geral. Para submeter-se a uma operação de tamanha importância — extração de seus dois rins, colocação de um novo em outro local, além das intervenções preparatórias (uma delas grave) — ele precisa ter um mínimo de resistência cardíaca. O risco cirúrgico, natural em toda operação, nesse caso está aumentado. Emílio vence mais esse obstáculo: o nefrologista-chefe da

Unidade de Transplante, pesando todas as informações, chega à conclusão de que o moço de Curitiba é, potencialmente, um bom candidato ao transplante. Isto é, ele tem condições para suportar o tratamento e a operação. A decisão do nefrologista, porém, não é definitiva. Fica dependendo que todos os outros médicos da Unidade de Transplante, discutindo o caso sob todos os ângulos de cada especialidade, o endossem. A Unidade se reúne às quintas-feiras, à noite, numa sala do sétimo andar do HC.

Tadaro fica sabendo que o caso de Emílio vai ser tratado e pede para assistir à reunião. Não deixam, é só para médicos. Na reunião, a última chance de Emílio continuar vivendo vai estar em jogo, mas em nenhum momento seu nome aparece. Todos se referem ao caso nº 7: uma pasta, em mãos do nefrologista, contém as informações do nº 7. E toda a história clínica, ilustrada com gráficos e radiografias, é passada em revista. Lá estão os imunologistas, médicos que estudam a chave-mestra do transplante de órgãos: os fenômenos da rejeição. Afinal, o organismo que ataca e repele até uma única célula estranha que nele se instale vai ter que engolir, com o transplante, um rim inteiro. Lá estão também os outros nefrologistas da Unidade de Transplante, o médico-chefe e os demais membros do setor experimental (Transplante em cães), os anestesistas e até um psiquiatra, para os problemas de ordem psicológica, comuns a esses casos. A reunião dura quase três horas. Na saída, o nefrologista-chefe comenta com um dos seus assistentes:

— Se não houver nenhuma novidade, o 7 vai mesmo para o transplante. Amanhã começamos as medidas preparatórias.

Tadaro exulta com a notícia de que Emílio passou por mais um obstáculo, o terceiro na sua corrida pela vida. Afinal, no mundo só há doze grupos de transplante de rim, e ter oportunidade num deles já é motivo de esperança. Tadaro lembra-se de mais um detalhe: quando, no início, buscou informações sobre a possibilidade de seu irmão tratar-se no exterior, soube que um transplante de rim, nos Estados Unidos, custa em média 25 mil dólares — mais de 50 milhões de cruzeiros.[1] Sua família não teria condições para isso.

De vinte em vinte dias, Valter Mendes, o primeiro transplantado, tem de passar no ambulatório do Hospital das Clínicas para exames e controle do funcionamento de seu rim enxertado. Depois que saiu do hospital, e já vão quase dois anos, nunca mais teve nada — nem gripe —, mas o seu comparecimento ao laboratório é religioso. Ele acha que, quanto mais informações sobre o seu caso os médicos obtiverem, melhores condições terão para salvar futuros transplantados, e isso para ele é uma questão de honra. Além do quê, manter o rim controlado dá-lhe uma grande tranquilidade. Conversando com seus velhos amigos da Unidade de Transplante, ele quer saber se o descendente de japoneses de Curitiba já tem doador. Não tem ainda. Valter fica preocupado. A existência do doador é, talvez, a mais dramática das batalhas que um candidato a transplante tem de vencer. E é decisiva; tudo que se fez ou se pensa fazer para salvar um doente pode anular-se nessa hora. O doador tem de ser pessoa sadia, parente próximo do doente — irmão, pai ou mãe — que se disponha a submeter-se à extração de um rim para doá-lo. Precisa ter muito boa saúde para, depois, tocar normalmente a sua vida com um rim só, o que é perfeitamente possível uma vez que os rins humanos têm uma capacidade ociosa muito superior a de seu trabalho normal, de tal maneira que, tirando-se um, o outro se desdobra e aumenta de tamanho para dar conta sozinho do recado. O doador tem de ser, também, pessoa mentalmente sã para não criar, artificialmente, a

---

1. Cerca de 218 mil reais em 2024.

ideia de que é um mutilado, um imprestável, apesar de ter de viver com certas precauções. Para completar, o ato de doação do rim é um documento jurídico, firmado com testemunhas, no qual o doador afirma ter conhecimento dos riscos a que vai submeter-se e afirma saber também que o seu sacrifício pode ser inútil, pois o doente talvez morra durante a operação ou logo depois.

Valter lembra-se de alguns fatos passados naquele mesmo sétimo andar. Uma menina de catorze anos, que só seria salva com o transplante, morreu porque nem o pai nem a mãe puderam doar-lhe um rim; eram também doentes. Um rapaz de vinte anos, no estágio final da doença, não chegou nem a ser candidato a transplante: tinha mãe, pai e sete irmãos, mas nenhum se dispôs a doar-lhe o rim que ia dar-lhe oportunidade de continuar vivendo. Um engenheiro carioca estava sendo preparado para o transplante, com dois irmãos dispostos à doação. Nenhum deles, entretanto, foi aprovado nos testes preliminares; tinham problemas com a saúde. A noiva do doente fez uma última tentativa: trouxe para o hospital a irmã caçula do engenheiro, também disposta a doar o rim. Mas a moça era menor e então havia necessidade de autorização do juiz de menores da Guanabara. Enquanto isso, a situação do rapaz se agravou e ele morreu antes que tudo ficasse pronto. Outro caso foi o de uma jovem para a qual havia três candidatos a doador: o pai e duas irmãs. Uma das meninas, por ser muito pequena, foi logo posta de lado. O pai não passou nos testes: era epilético. Restava a outra irmã, que estava com casamento marcado para daí a um mês. Ela adiou o casamento e internou-se no hospital. O teste de sangue, porém, mostrou incompatibilidade com o grupo sanguíneo da irmã e impossibilidade do transplante. A doente morreu.

Pensando nisso tudo, Valter conversa com Tadaro e fica sabendo que, além dele, seu pai, sua mãe e seus irmãos estão dispostos a doar o rim a Emílio. Os médicos é que vão escolher o doador, tarefa que até parece facilitada pela existência de Ioko, a irmã gêmea.

— Só o fato de haver seis pessoas querendo doar-lhe um rim — diz Valter — já é uma vitória para o seu irmão.

A escolha do doador é feita levando-se em conta vários fatores. Começa com os de ordem pessoal — idade, sexo, estado civil, responsabilidade pessoal, profissão, estado geral de saúde, função renal, estado psicológico — e passa depois para um estudo comparativo com o doente. No caso de Emílio, há seis doadores em potencial, um de preferência: a irmã gêmea. Apesar de não ser idêntica, tudo indica — a começar pela idade — que os dois podem ter uma boa aproximação constitucional, e isso facilita bastante a perspectiva de aceitação do enxerto. Além disso, Ioko é solteira, e está disposta. É então encaminhada aos testes imunológicos e, logo na primeira prova, vem a decisão. Seu grupo sanguíneo (A positivo) é incompatível com o de Emílio (B positivo), e isso a elimina como doadora. Grande parte das esperanças desaparece nesse momento. Mas ainda há outros candidatos. Convoca-se o resto da família, menos a irmã casada que fica logo de início fora de cogitação: ela já tem um rim só (o outro foi-lhe extraído algum tempo atrás por causa de uma grave lesão). A mãe do nissei também é posta de lado, por más condições de saúde. Sobram, na primeira peneirada, três pessoas: o sr. Takai, pai do rapaz, o dr. Hachiro, médico, seu irmão mais velho, e Tadaro, o estudante de engenharia.

Os três serão submetidos a cinco testes imunológicos, cujos resultados indicarão qual deles tem a constituição genética mais próxima à do doente. Esses testes poderão dizer que nenhum dos três serve para doar o rim, se houver entre eles e o doente alguma incompatibilidade absoluta. A duração total dos testes é de mais ou menos duas semanas. O primeiro é o de determinação dos grupos sanguíneos, como ocorre nas transfusões de sangue. Faz-se o controle dos grupos sanguíneos para evitar fenômenos de aglutinação de hemácias (que podem causar espasmos e tromboses) nos vasos internos do rim. Três dos outros testes são pesquisas do comportamento dos linfócitos do doente e dos três possíveis doadores. Os linfócitos são o elemento mais importante do organismo na luta contra os corpos estranhos; eles é que transportam os anticorpos para atacar e destruir toda substância alheia que tenta alojar-se no corpo. Isto é, o comportamento dos linfócitos é que vai determinar a sorte do rim transplantado, atacando-o ou permitindo que ele sobreviva pacificamente no organismo do doente. O resultado dos três testes vai mostrar em qual dos três doadores a atuação dos linfócitos mais se assemelha ou se aproxima do comportamento dos linfócitos do doente. O quinto teste é o do terceiro homem — enxerto de pele. É assim chamado porque nele intervém um estranho, um voluntário que nada tem a ver com a história do transplante. Retira-se do antebraço do doente um pedaço de pele, que é enxertada em qualquer parte do corpo do terceiro homem. Esse enxerto vai ser rejeitado, em alguns dias. Marca-se o tempo da rejeição. A partir desse momento, o organismo do terceiro homem está munido de sua força de defesa — os anticorpos — contra as células do tecido de que foi feito o primeiro enxerto com o tecido do doente. Na prática, enxertando-se no terceiro homem pedaços de pele dos três possíveis doadores, a pele daquele que for rejeitada primeiro é a mais parecida com a do doente.

 Feitos todos os testes, vem o resultado: Emílio tem, potencialmente, um bom doador. É Tadaro, o estudante de engenharia.

* * *

    Mas a batalha para a escolha do doador ainda não está vencida. Até agora só se sabe que Tadaro Sakotashi tem alguma compatibilidade imunológica com seu irmão doente. Porém, Tadaro, ele próprio, terá condições físicas e mentais para responder por aquele encargo? Isso é o que se vai ver, agora. A primeira coisa é um exame clínico geral que vai indicar se Tadaro goza, realmente, de boa saúde. Ele passa bem por esse exame. O segundo passo é uma série exaustiva de provas da função renal; é preciso que seus dois rins funcionem perfeitamente, tanto para que ele possa viver com o que lhe sobrar, quanto para impulsionar a vida do irmão, que vai contar com o seu outro rim. Atravessa também esse exame, com o que é dado fisicamente apto para a operação.

    Vem, agora, a parte psíquica. Tadaro vai ser submetido a um exame psicanalítico e passar por um julgamento, em que ele será réu e advogado de defesa, o nefrologista funcionará como advogado do diabo e o psiquiatra atuará como juiz. O nefrologista atua no processo como se tivesse intenção de não encontrar um doador, para o transplante não ser feito. A verdade, entretanto, está no outro lado: o médico quer o doador, mas é preciso que o candidato demonstre ter consciência do problema sem nenhum complexo de herói, e que demonstre também possuir uma boa armadura psicológica para tocar a sua vida depois, mesmo que, ao sair da anestesia, fique sabendo que seu irmão não vive mais. O advogado do diabo é frio:

    — Você sabe o que significa viver com um rim só? Sabe que o menor acidente a que você se exponha depois, que afete o seu rim restante, significa a sua morte? Você tem ideia do risco cirúrgico que envolve uma operação dessas? Você sabe que, após esse sacrifício todo, seu irmão pode morrer? Você sabe que transplante pode não pegar?

Tadaro não é de muito falar. E já tinha pensado muito naquilo tudo, desde Curitiba. O psiquiatra completa:

— Já foram feitos perto de mil transplantes no mundo, Tadaro. Os resultados não são definitivos, nem muito animadores. Mas, até hoje, nenhum doador morreu por causa da operação. É uma bela atitude a sua, mas que dói, dói. A extração do rim é uma senhora operação. Você continua querendo?

Tadaro responde firme, sorrindo:

— Eu topo. Tenho certeza de que viverei muito bem com um rim só, como dezenas de milhares de pessoas no mundo. E, mesmo que fosse para ficar aleijado, eu toparia assim mesmo.

Encerra-se a sessão do tribunal. O psiquiatra já tem elementos para compor o seu laudo técnico, que será um documento a mais na pasta do caso nº 7. Sozinho com o nefrologista, antecipa-lhe a sentença:

— Pode mandar preparar o termo de doação.

Os testes imunológicos e o psicológico em Tadaro indicaram que ele é, realmente, um bom doador em potencial para o seu irmão. O fantasma da rejeição, porém, continua presente. O estágio atual dos conhecimentos nesse setor só tem como certa a não ocorrência de repulsa nos casos de transplante entre gêmeos idênticos. Mas há vários recursos de que os médicos podem lançar mão, hoje, para prevenir e combater esse fantasma.

Tadaro é convocado para um último servicinho. Os médicos precisam saber, antes da operação, qual dos seus dois rins oferecem facilidade de remoção. E precisam saber, também, se o doador tem, como a maioria das pessoas, uma só artéria renal, ou se tem mais de uma, o que não é raro. Para saber tudo isso, Tadaro é submetido a um exame chamado aortografia. Numa de suas artérias femorais — na altura da virilha — é injetada uma dose de contraste (um corante) que vai possibilitar estabelecer, através de radiografias, a situação exata de suas artérias renais. Se Tadaro tiver os dois rins seguindo os padrões normais, e tiver uma artéria só, será retirado o seu rim esquerdo, por ter a veia renal mais longa, o que facilita a anastomose — isto é, a ligação com a veia do receptor. O resultado das radiografias não permite saber com precisão se o rim esquerdo de Tadaro tem uma artéria só ou se tem duas — às vezes uma pode estar sobreposta à outra e isso confunde a leitura das chapas. O rim direito, por outro lado, é normalíssimo e tem, com certeza, uma só artéria renal.

— A aortografia não incomoda — diz Tadaro quando se recupera da anestesia —, só que a gente fica urinando ardido o dia inteiro.

Com esse exame, não há mais nada a fazer em Tadaro até o dia do transplante. Então ele é dispensado, para voltar somente na véspera da operação. Tadaro aproveita a folga e dá um pulo a Curitiba para ver como anda o Centro Acadêmico de Engenharia, onde é um dos diretores. Avisa lá que vai ter de faltar uma porção de dias e anuncia na família que Emílio tem meio caminho andado em direção a um rim novinho em folha.

Escolhido o doador, a equipe de Unidade de Transplante revê todo o caso. Com o resultado da aortografia, escolhe-se qual dos rins do doador vai ser retirado — é o direito, por causa da artéria única. Então é traçado o plano de ação para a arrancada final. A primeira das providências marcadas para dentro de uma semana é a extração do rim direito de Emílio — vão ser extraídos seus dois rins velhos, mas o esquerdo só no próprio dia do transplante, aproveitando-se a incisão grande feita na ocasião.

A preparação do doente é acelerada. Ele vem sendo mantido vivo através de um processo que se chama diálise peritonial. A diálise consiste na introdução na cavidade peritonial do doente de uma composição de água e sais minerais, semelhante à do plasma. Dois litros de cada vez. Por mecanismo de osmose, as escórias acumuladas no sangue pelo não funcionamento do rim passam, em boa parte, para a solução da diálise. Uma hora depois de estar na barriga do doente, o líquido é extraído, e é repetida a operação durante 24 a 48 horas ou mais, na medida da necessidade. A diálise peritonial substitui — como o aparelho de rim artificial que às vezes é também usado — algumas das funções do rim, o suficiente para manter viva por certo tempo uma pessoa com grave insuficiência renal. Há dois meses Emílio vem sendo mantido com as diálises: é um processo incômodo, quase sempre doloroso, mas o rapaz é valente e resiste bem.

Desde o momento em que foi definitivamente escolhido o doador, Emílio vem sendo submetido também às chamadas medidas imunossupressoras, que antecedem a operação. Elas se destinam a minar, em Emílio, a sua reserva contra a rejeição de corpos estranhos, isto é, visam diminuir e aplacar a ira dos linfócitos, sempre dispostos a atacar e destruir as proteínas alheias que pretendam morar no organismo. A primeira dessas medidas é a drenagem do duto torácico.

Há três grandes encanamentos de líquido no corpo humano — um leva sangue arterial, são as artérias; outro leva o sangue venoso, são as veias; o terceiro transporta a linfa, são os vasos linfáticos. O duto torácico é o maior vaso linfático do organismo; corresponde, no sistema linfático, à aorta e à veia cava, que são as duas maiores artérias e veias do corpo. Na drenagem, o duto torácico é seccionado na altura do pescoço, e toda a linfa que ele transporta é colhida através de dreno. Saem de 2,5 a três litros de linfa por dia, e a drenagem vai durar dez dias. Nesse período, com medicação adequada, o organismo é compensado de perda tão grande de água e eletrólitos (sais do sangue) para evitar distúrbios e enfraquecimento. A linfa é constituída de mais de 90% de linfócitos, e aí está a razão da drenagem. Como os linfócitos são os transportadores dos agentes (anticorpos) que atacam e repelem o corpo estranho, diminuindo-se no organismo a sua reserva, está-se aumentando a tolerância do enxerto, ao mesmo tempo em que se facilita a ação das drogas destinadas a combater a rejeição.

A drenagem do duto torácico é uma operação melindrosa, feita sob anestesia geral. No caso de Emílio, foi a batalha mais difícil de ser vencida. No meio do tratamento seu coração parou. Houve grande suspense enquanto os médicos tratavam de fazer-lhe massagens cardíacas. Depois de cinco minutos elas deram resultado: os batimentos se reiniciaram. O resto, depois, correu bem. Agora, até quatro dias antes do transplante, Emílio vai ficar com aquele tubinho no pescoço. E passará por mais duas diálises, pelo menos. O nissei de baixa estatura caminha para a reta final em direção ao transplante.

A equipe, que discutiu amplamente o caso nº 7 nas sucessivas reuniões das quintas-feiras, está em ponto de bala. O dreno do tubo torácico já foi retirado. Dois dias antes da operação, Emílio começa a receber uma boa dosagem de drogas para minar ainda mais a sua resistência à rejeição. Numa terça-feira, dia 24 de outubro, ele passa pela última diálise. Um dos internos do HC vai visitá-lo:

— Emílio, eu nunca mais quero vê-lo nesta sala, tá?

O mesmo interno, minutos antes, dizia para os colegas, todos condicionados à emoção que a dupla operação do dia seguinte despertava naquele serviço do Hospital das Clínicas:

— Estou muito preocupado com a situação de Emílio. Será que ele resiste à operação? Afinal, por muito menos, o seu coração já parou uma vez.

Nessa mesma terça-feira, de manhã, um rapaz de ótima saúde passava a disputar um dos tão disputados leitos do HC. Era Tadaro, o doador. Estava seguro como sempre, só que nesse dia sorria demais. Um sorriso nervoso, meio forçado. Enquanto conversava com um interno, na sacada da enfermaria, aceitou dois cigarros, um atrás do outro. E ele não fuma.

O enfermeiro-chefe do sétimo andar sobe ao nono — onde está o centro cirúrgico — toda hora. O mínimo detalhe deve estar previsto, para não haver nenhum aborrecimento ou desencontro no dia seguinte. Entre uma subida e outra, ele atende a mãe dos dois rapazes que faz as mais variadas perguntas e dirige, a cada homem de avental branco que passa, seu olhar de súplica e de esperança. Na biblioteca do sétimo andar, membros da equipe conversam sobre o caso, fazem previsões, desenham gráficos, repassam informações. À noite de terça para quarta-feira é longa, para Tadaro e sua mãe. Mas é também longa para alguns médicos que, pelo tempo de profissão, já podiam até ter vencido essas fraquezas.

Quarta-feira, 23 de outubro de 1966, 8h30. Duas macas chegam juntas a duas salas — vizinhas — de operação, no nono andar do Hospital das Clínicas. E duas equipes, cada uma com uma tarefa diferente, as duas com o mesmo objetivo: dar um rim novo a Emílio Sakotashi, sem ofender demais a vida de Tadaro Sakotashi, que vai ficar com um rim a menos. Entre as duas salas, como elemento de ligação, controlando o desenvolvimento das duas operações, caminha o nefrologista.

O urologista que opera Tadaro, assistido por dois outros cirurgiões, já venceu a pele e os tecidos gordurosos — o bisturi elétrico trabalha depressa. O operador já tem, no seu campo visual, o rim direito do doador — é o que vai sair. Todo o trabalho agora — um trabalho delicado e sensível, mas seguro e firme — é dissecar (limpar) o rim, a veia e a artéria renal, e o ureter, que será cortado quase junto da bexiga.

Em redor de Emílio o trabalho é duplo: primeiro ajeitar na sua cavidade abdominal, na altura da virilha, uma cama para o novo órgão, e depois extrair o rim velho. O rim transplantado não vai ocupar o mesmo lugar dos antigos, mas vai para uma cama ilíaca preparada sob medida para ele. Vencida a primeira parte do trabalho (abertura do campo), a equipe começa a cuidar do alojamento para o novo hóspede, ao mesmo tempo em que localiza e prepara a artéria hipogástrica (um ramo da artéria ilíaca, que sai da aorta) e a veia ilíaca, pois a elas serão ligadas respectivamente a artéria e a veia do rim que virá. O ureter vai ser implantado diretamente na bexiga, mas isso é o que se faz por último.

A partir de certo momento, as duas operações correm paralelas. O nefrologista vai levando as notícias de uma equipe à outra. Chega então o grande momento; a artéria renal e a veia do doador já estão dissecadas, limpinhas, na altura do local em que vão ser cortadas: o rim está pronto, livre dos tecidos que o rodeiam; o ureter já foi desligado da bexiga. Na cavidade abdominal de Emílio, a cama para o novo rim já está feita, a artéria hipogástrica em que será engatada já foi cortada e pinçada também. Tudo pronto, uma voz de comando é ouvida na equipe que opera o doador:

— Tempo de isquemia!

Começa a nervosa corrida contra o relógio. Cada minuto é decisivo. Pinças especiais, que não traumatizam os vasos, bloqueiam em dois lugares a artéria e a veia do rim direito de Tadaro. Entre as pinças, em cada um dos vasos, faz-se o corte, com uma tesoura. E o rim, ainda vivo, é retirado de Tadaro e levado por um dos médicos para o corpo de Emílio. O cirurgião vascular inicia o seu trabalho minucioso, de que tudo agora está dependendo. Ele vai fazer a ligação da veia do novo rim com a veia ilíaca de Emílio através de uma janelinha previamente ajeitada no vaso. A costura tem de ser perfeita para que o sangue possa correr, depois, normalmente por ali. Terminada a ligação das veias, o cirurgião passa, com o mesmo cuidado, para a ligação das artérias. Aqui surge uma dificuldade a mais: a artéria hipogástrica de Emílio é de calibre maior que a artéria renal de Tadaro e então, antes de serem dados os pontos, é necessário promover uma dilatação artificial da artéria do rim novo. O trabalho segue, meticuloso e cronometrado. A cada minuto, o rim — que está em isquemia, isto é, não está recebendo irrigação sanguínea — vai perdendo a sua cor vermelho vibrante, e vai murchando. A ligação da artéria está chegando ao fim e, na aparência, está perfeita. O grande teste, entretanto, é o momento em que se retiram as pinças e o sangue começa novamente a fluir, entrando no rim novo pela artéria e saindo pela veia. A ligação, quando malfeita, é denunciada por bloqueio no local onde foram dados os pontos ou por vazamento de sangue. Se isso acontecer, é preciso refazer a ligação, e geralmente essa segunda costura demora mais que a primeira. E o rim só resiste durante um dado tempo (aproximadamente cinquenta minutos) sem irrigação sanguínea.

O momento de soltarem-se as pinças está chegando, sob expectativa geral. O cirurgião termina a sutura da artéria, manipula ligeiramente o rim para testar a sua posição, e anuncia novamente:

— Tempo de isquemia!

As quatro pinças que bloqueiam artérias e veias são retiradas no mesmo instante. E dá-se o primeiro acontecimento: não há vazamento e, como por encanto, o rim se preenche, recupera a sua cor normal e os batimentos da artéria renal ficam visíveis. Do ponto de vista técnico, a operação teve o maior êxito; resta saber se o rim vai começar a funcionar, isto é, se umas gotas de urina vão surgir no ureter, o que geralmente acontece antes de a operação ser concluída. Esse momento é aguardado com toda ansiedade; é o clímax do ato do transplante. A angústia fica no ar, enquanto a operação continua: extração do rim antigo, implantação do ureter, colocação das sondas, fechamento do campo operatório.

O cirurgião vascular, que terminou a sua parte, comenta com um dos membros da equipe que operou o doador (ele também já terminou o seu trabalho e está agora em torno da mesa de Emílio):

— No primeiro transplante o nosso tempo de anastomose (ligação dos vasos) foi de 41 minutos. Hoje gastamos só dezessete, e ainda vamos chegar ao recorde mundial, que é de catorze. Mas o diabo é se a urina não vier...

Cada minuto daquela espera parece uma hora. Finalmente, acontece: umas gotas de urina pingam na sonda implantada no ureter do doente. Cada médico reprime em si um grito de alegria: o máximo que se permitem é uma troca de sorrisos transmitidos no olhar.

Ao meio-dia, Tadaro desce para o sétimo andar, já acordado, depois da passagem pela sala de recuperação. Sua mãe está esperando no corredor, a aflição no rosto marcado pela noite sem dormir. Dois filhos subiram para a mesa de operação, e só um aparece. Vê o enfermeiro e pergunta ansiosa pelo outro:

— Ele já vai descer. Foi tudo bem, tudo ótimo. Não se preocupe.

Logo depois, surge a maca de Emílio, mas a mãe só pode vê-lo de longe. E daí por diante, durante vários dias, o nissei pequeno vai ficar isolado, sob constante e escolhida vigilância. Seu novo rim ficará recebendo aplicações de raio X e será submetido, várias vezes ao dia, a uma série de exames. Ninguém, que não seja médico ou enfermeiro vestido como se fosse para uma operação, entrará em seu quarto.

Esse cuidado se deve a um fato: para preveni-lo contra rejeição de rim, as reservas de Emílio contra infecções foram levadas praticamente a zero. O transplante é capaz de salvá-lo de uma doença terrível, mas uma gripe pode levá-lo à morte. De outro lado, a vigilância sobre Emílio é total para que a menor manifestação de rejeição do enxerto seja descoberta e atacada com a máxima rapidez.

Ao cair da noite, nessa quarta-feira, Valter Mendes não resistiu à tentação de dar uma espiada no sétimo andar do HC, para saber da situação do seu futuro companheiro na Associação Brasileira dos Transplantados de Rim, que ele pretende fundar tão logo haja número suficiente de sócios. Ouve de um e de outro informações isoladas, e explode num bravo quando um dos médicos diz que Emílio já tinha eliminado mais de três litros de urina com o novo rim.

— Isso é realmente bom, Valter, mas ainda não quer dizer nada. Emílio corre riscos seríssimos. Você sabe que só nos é permitido um pouco de otimismo a partir do vigésimo dia do transplante...

Valter reconhece na equipe do transplante duas coisas principais: capacidade profissional e ausência de fantasia. Por isso vai embora para casa disposto a não pensar, durante vinte dias, no filho de imigrantes. Só voltará a vê-lo depois disso e então, se tudo estiver bem, terá razão para festejar e ser otimista.

Passado o prazo, Valter está lá. Não pode falar com Emílio, que ainda permanece em regime de isolamento. Mas conversa com médicos, enfermeiros, secretárias. E vai bater um papo com Tadaro, a quem já voltou a cor de saúde e sorriso despreocupado e fácil. Falam bastante, sobre tudo e sobre todos.

No fim, Tadaro quer saber duas coisas. A primeira, quanto havia custado a operação de Valter.

— Nenhum tostão, aqui no HC não se paga nada. Eu apenas dei 400 mil cruzeiros para a caixinha da enfermaria porque, às vezes, quando falta algum remédio, os médicos compram-no com seu próprio dinheiro.

Depois Tadaro quer saber se é verdade que os transplantados, como seu irmão, têm de tomar, todo dia, uma porção de remédios para evitar a rejeição. Sim, é verdade.

— E não é cacete isso?

— No começo é — responde o Valter —, mas a gente se habitua. E tem outra coisa: é pra tomar o remédio até certa idade só. Depois dos oitenta anos, o organismo se acostuma com o novo rim...

Já existe a escola de amanhã*

O deputado João Afonso, de quinze anos, aproxima-se do balcão e começa a preencher um cheque, quando se lembra de alguma coisa. Chama o gerente do banco, dois anos mais novo que ele, e faz uma consulta:

— Eu vou me embora o ano que vem, mas quero muito manter minha conta aqui. Qual é o mínimo que preciso deixar?

— Noventa cruzeiros.

— Quer ver meu saldo, por favor?

Um atendente vai ao arquivo, anota a quantia num papel e entrega a João Afonso, que faz umas contas e preenche o cheque. Troca-o por uma ficha e passa a aguardar a chamada do caixa, um menininho loiro, que não terá mais de doze anos de idade. O gerente puxa conversa:

— Então, deputado, será que o novo governo vai fazer muita coisa?

---

* Publicado originalmente em *Realidade*, n. 11, fevereiro de 1967. O Ginásio Vocacional foi uma experiência revolucionária de escola pública no estado de São Paulo, que foi encerrada pelo regime militar em 1969.

— Espero que sim. Sua equipe apresentou um plano de ação bem estudado e está com vontade de trabalhar.

O caixa chama seu número, o deputado João Afonso vai ao guichê, confere o dinheiro (1900 cruzeiros), coloca na carteira, despede-se do gerente e sai apressado.

Isso não é teatro infantil. É apenas uma cena comum na vida diária do ginásio João XXIII, de Americana (SP), um dos cinco ginásios vocacionais que o governo do estado de São Paulo vem mantendo, há cinco anos, experimentalmente. Toda a técnica pedagógica empregada é moderna. E essa é uma delas: aprender fazendo.

O banco é um banquinho de verdade, com mais de 2 milhões de cruzeiros em depósitos; o deputado é um deputado de verdade, no governo estudantil do ginásio João XXIII. João Afonso retirou todo o dinheiro que tinha porque vai embora: formou-se. A conta aberta no banco será o último vínculo material que o ligará a uma instituição onde passou quatro anos movimentadíssimos, e de onde ele nem queria sair. No começo da última série, até ameaçou relaxar os estudos para tomar bomba e poder ficar mais um ano. Mas mudou de ideia a tempo e chegou à última entrevista com a orientadora educacional, que ia aconselhá-lo sobre os rumos a tomar na vida:

— João, a sua ficha é clara como água. Se você puder, procure entrar numa escola de aviação...

— Ganhei, professora! Ganhei uma aposta com meu pai. Eu sabia que era isso que a senhora ia me dizer.

O Serviço de Ensino Vocacional no Estado de São Paulo foi criado quando era secretário de Educação um homem de empresa, sr. Luciano Vasconcellos de Carvalho (Exposição-Clipper). O sistema teve cinco anos para provar que é bom, e o prazo terminou no ano passado. Agora o governo medirá os resultados a fim de decidir se vai abrir novos ginásios, para ampliar o ensino vocacional pelo estado todo ou encerrar a experiência, por não acreditar em sua eficiência.

ESCOLA QUE ENSINA A ESTUDAR

Nos quatro anos de ginásio, o aluno aprende muita coisa, mas principalmente aprende a estudar. A escola vocacional é diferente das outras em tudo. Não tem nota, nem exame, nem matérias isoladas. Nem tem aula, se a gente pensar naquela situação de um professor falando do alto de sua mesa para quarenta alunos distantes. Seu objetivo não é apenas a escolaridade intelectual promovida pelos ginásios comuns. A meta é desenvolver a personalidade do aluno, ajudá-lo a descobrir o ramo de atividade para o qual tem aptidão e prepará-lo para enfrentar um mundo difícil e em permanente modificação.

O ginásio funciona o dia todo, com classes de trinta alunos, mistas. De preferência com igual número de meninos e meninas. A convivência faz nascer amizade entre eles. E às vezes a amizade vai mais longe, como relata o jornalzinho *Gaveta*, da primeira série (entre dez e doze anos) do Ginásio Vocacional do Brooklin, São Paulo:

"O Sérgio (1ª série C) confessou em voz alta que gosta da Maria Inês (1ª B). Aliás, ela já namorou o Carlos Alberto (1ª C), o Luis (2ª B) e o Gil (1ª C), e confessa também que agora gosta do Sérgio. A Maria Inês diz que quando está ao lado dele fica barbaramente nervosa."

O jornalzinho é uma atividade promovida e orientada pela área de português, mas observada e consultada por todas as outras áreas (área é uma matéria ou um grupo de matérias afins). Assim, a notícia sobre os namoros de Maria Inês chamou a atenção da orientadora e trouxe um bom tema para educação sexual, que é apresentada com naturalidade em todas as séries, de acordo com o interesse e a maturidade dos alunos.

O aproveitamento das classes é testado pela *bateria*, uma espécie de prova onde a consulta é livre: o aluno pode recorrer ao que quiser — anotações, cadernos, mapas e livros. A única exigência é que faça com seu próprio esforço. Não importa que erre.

Os cinco ginásios vocacionais em funcionamento estão localizados nas cidades paulistas de Batatais, Barretos, Rio Claro, Americana e São Paulo (no bairro do Brooklin). Cada um tem um programa de estudo adaptado à sua cidade. Assim, no ginásio de Americana, cidade fundada por americanos, os alunos da primeira série podem começar o ano estudando a Guerra da Secessão dos Estados Unidos. Enquanto isso, no ginásio de Batatais, os mesmos alunos da primeira série estão iniciando atividades em volta de um quadro de Portinari: o pintor nasceu na região (Brodósqui) e deixou muitas obras espalhadas pela cidade. Já em Barretos, tudo pode ter seu começo numa fazenda, à beira de um curral de zebus.

PAI TAMBÉM VAI À AULA

O ensino segue a técnica dos círculos concêntricos. Os garotos não dão saltos no vazio, mas passam a estágios de conhecimento deslizando naturalmente de estágios anteriores bem mastigados. Às vezes o método não é compreendido. No meio do ano passado, um pai cuidadoso apareceu no Ginásio Vocacional do Brooklin e procurou a diretora:

— Olha, d. Tomises, não é que eu duvide do gabarito da escola. Mas meu vizinho tem um filho na mesma série do Júnior, e eu andei examinando, ele sabe mais coisas de matemática do que o meu menino. Estou preocupado, a senhora sabe, será que o Júnior passa no vestibular depois?

Não era o primeiro pai que estranhava a matemática moderna do vocacional. O caso foi discutido em conselho e decidiu-se fazer um cursinho intensivo para os pais. Apareceram 240, que ganharam até diploma e aprenderam por que suas crianças às vezes parecem mais atrasadas que outras, em determinadas matérias: elas mastigam mais, para digerir melhor.

O ano escolar é dividido em bimestres, e em cada bimestre há uma nova unidade de estudo. A primeira unidade é o próprio ginásio vocacional. Todas as áreas preparam seu programa a partir dessa fonte.

— Vocês já viram o "Diário Oficial"? É este jornal aqui. O exemplar que está em minha mão é do dia 27 de junho de 1961, uma data histórica para nós. Nesse dia, o ginásio vocacional começava a existir, por força de um decreto do governador do estado. Todos os documentos oficiais saem no "Diário Oficial", e, assim, este jornal acaba sendo uma das grandes fontes para conhecimento da vida do país.

É o professor de história falando, integrando sua matéria na unidade escolar. O professor de geografia, ao perguntar à classe como é o caminho para o ginásio, começa a dar-lhe noções de relevo e topografia. Outro professor, pedindo-lhe para calcular a distância entre suas casas e a escola, introduz as primeiras noções de matemática.

O primeiro bimestre é um exercício de conhecimento mútuo. Os alunos descobrem o ginásio e adaptam-se a seus métodos; os professores conhecem os alunos, seus gostos, condições familiares e problemas. Então o ritmo começa a apertar. No fim do segundo mês, cada classe já está organizada em cinco ou seis equipes de trabalho, segundo uma técnica chamada sociograma, em que cada membro do grupo completa o outro e onde se descobre e incentiva a liderança. Ninguém recebe dever para fazer em casa. A equipe, sim, tem tarefas que podem ser resolvidas no ginásio mesmo. Os membros da equipe estudam seus problemas juntos, primeiro sob a orientação do professor, depois fiscalizando-se a si próprios.

UM CASO DE NAMORO

D. Olga, orientadora educacional, recebe uma queixa:

— O Jaime, da segunda série C, anda negligente, dispersivo, e todo o trabalho da equipe está sendo comprometido com seu comportamento.

A orientadora consulta vários professores, conclui que o menino tem algum problema e o procura:

— Então, Jaime, que há com você? Dizem que está meio desanimado, não se dedica mais, anda calado. O que houve?

— Não é nada, d. Olga.

— Vamos, rapaz. Nós sempre nos entendemos tão bem.

O menino cede. Está com problemas de convivência na equipe. Dois colegas, Pedrinho e Lucas, andam fazendo piadinhas a respeito de seu namoro com a Dirce. Isto o deixa tão amargurado que ele não pode nem ver a cara dos outros dois. E propõe que eles sejam afastados da equipe. D. Olga analisa a situação junto com Jaime. Mostra-lhe que a solução apontada é um ato de força. O que está havendo é uma falta de consideração de Pedrinho e Lucas para com os colegas Jaime e Dirce, e ele precisa reagir construtivamente.

— Fale com eles — sugere d. Olga. — Vá calmo, mas decidido: a razão está do seu lado. Diga que pensou no assunto e que eles estão errados; seja enérgico e mostre-se disposto até a ter uma briga. Depois de tudo isso você vem aqui e me conta o resultado.

Jaime, depois de uma conversa "de homem para homem" com os dois colegas, esclareceu a situação e ainda saiu fortalecido: ganhara o respeito de Pedrinho e Lucas, sem perder a namorada. Às vezes, porém, a incompatibilidade numa turma é mais profunda, e só se resolve com a transferência de alguns membros para outra equipe. Em casos extremos de desajustamento, promove-se a matrícula do aluno em outro ginásio.

A TÉCNICA DE APRENDER FAZENDO

Maria Helena era um terror. Doze anos, magrinha, não ficava mais de uma semana em cada equipe: brigava logo. Não rendia em nenhuma equipe e nem havia grupo que a suportasse. A orientadora educacional levou quase um ano para encontrar a solução: educação física. A professora de ginástica, agindo segundo um plano traçado com a orientadora e outros professores, fez de Maria Helena a líder da matéria. Ela escalava os times, fiscalizava os horários, tomava conta do material e muitas vezes até apitava os jogos. E, passando a canalizar toda sua energia para o que gostava, começou a acertar no resto. Não brigou com mais ninguém, ajeitou-se numa equipe e chegou até a ser disputada por outras. É, agora, ótima aluna, com um sonho: ser professora de educação física.

O trabalho em equipe, a técnica de aprender fazendo, o estudo do meio, a execução de projetos, tornam o ginásio um local ativo e movimentado. Já na primeira série os alunos começam a fazer: meninos e meninas de dez a doze anos são encarregados do funcionamento da cantina — muito frequentada na hora do recreio.

Orientados pela área de práticas comerciais, enquanto tomam conta do estabelecimento, eles vão recebendo, sem sentir, aulas de matemática — cálculos, juros, operações comerciais; de história — como surgiu o comércio no mundo, que países cresceram à custa dele; português — redigir relatórios e prestações de conta; geografia — que alimentos são encontrados na região, que tipo de solo favorece o crescimento dos cereais utilizados na cantina; ciências — conservação de alimentos, combinação de elementos que entram na fabricação de refrigerantes; e assim por diante.

Nem sempre tudo corre bem. No ginásio de São Paulo, o professor de práticas comerciais descobriu que um dos encarregados do caixa da cantina, logo no primeiro mês, tinha avançado no dinheiro. Discutiu a questão com a orientadora e, dentro do espírito de autodisciplina que o ginásio procura despertar nos alunos, ficou resolvido que só a própria equipe responsável pela cantina deveria tomar uma decisão. Simultaneamente, o professor de práticas comerciais entrou com as aulas de balancetes, explicando-lhes que qualquer descuido financeiro apareceria no fim do mês. O plano deu certo. Antes mesmo que os outros descobrissem, o aluno faltoso procurou os companheiros e contou suas dificuldades. O dinheiro foi reposto pela equipe e no fim do mês o balancete apresentado à orientadora estava certinho. Mesmo assim, havia uma surpresa para os meninos:

— Nós soubemos que, por falta de controle, vocês tiveram dificuldades com o caixa. Isto é normal, uma vez. E quem erra uma vez aprende a acertar sempre. Nós não vamos fazer rodízio de equipe na cantina este mês. Vocês vão continuar com ela e verão que manter o caixa em ordem é fácil.

A equipe sentiu-se muito importante com isso e o menino conseguiu reabilitar-se totalmente.

Estudar o meio é conhecer, em contato direto com a realidade, o que se deve aprender. Este ano, no ginásio de São Paulo, o estudo do meio da área de português da primeira série foi uma pesquisa sobre a Academia Paulista de Letras. Os estudantes visitaram o prédio, assistiram a uma sessão literária, entrevistaram o presidente, viram que livros escreveram os paulistas e aprenderam muita coisa de literatura. Após cada estudo do meio, os alunos devem entregar ao professor um relatório com suas impressões. Maria Ângela, da 1ª série C, escreveu: "Quando eu crescer, quero ser romancista. E pretendo escrever muitos livros bacanas. Mas duvido que aqueles velhinhos me aceitem na Academia deles".

A área de estudos sociais repartiu as classes em três grupos e levou cada um deles a um dos três poderes do município: o Executivo, o Legislativo e o Judiciário. Na volta, em assembleia geral, enquanto cada equipe contava como trabalham o prefeito, os vereadores, os juízes, o professor aproveitava para ir explicando a interdependência que existe entre os três poderes.

UMA NOVA JOVEM GUARDA

Os locais de visita não são escolhidos ao acaso. Os professores discutem antes e depois procuram extrair dos alunos as opiniões que interessam em cada área. Assim, um local escolhido especialmente pela área de ciências serve também às de geometria, inglês, práticas comerciais e outras áreas. O estudo do meio deve ainda acompanhar a evolução de cada ano escolar. Na primeira série, as pesquisas são feitas na própria cidade. Na segunda, quando se estuda estado, os alunos viajam para o litoral ou centros industriais, praias e portos, estabelecimentos comerciais e agrícolas. Na terceira, quando o centro de interesse é todo o país, as pesquisas podem ser feitas até em outros estados. Na quarta série é o mundo que está em foco e a visão que cada aluno adquire é testada num trabalho de observação direta dentro da própria comunidade, de modo que todos sintam que têm um papel a desempenhar na sociedade.

* * *

Em Batatais o tema de estudo da quarta série foi Condições de Saúde e Habitação no Mundo de Hoje. E quando buscaram uma aplicação prática do que haviam estudado, os alunos descobriram que sua cidade ainda não tinha uma estação de tratamento de água. Fizeram um plano, encaminharam à Prefeitura e agora a estação está sendo concluída.

A execução de projetos é outra técnica do colégio vocacional. No começo do ano, cada aluno escolhe um projeto que quer ver realizado. O ano passado, um grupo de Americana instalou uma estação de rádio completa, dentro da área de artes industriais. Uma equipe de São Paulo quis montar um computador eletrônico e está trabalhando nisso. Conjuntos de teatro e de música (inclusive iê-iê-iê) existem em todos os ginásios. Um deles, os Ticos, de São Paulo, adaptaram o *Pequeno príncipe* para o teatro e dizem, animados:

— Nós vamos ser a jovem guarda do Tuca. E também chegaremos à Europa...

O grupo de Batatais, no fim do ano, montou a peça mais comentada de todas: um auto de esperança na juventude do mundo, escrito por eles mesmos, chamado *A Terra é azul*.

ALUNOS ELEGEM O GOVERNO

As matérias dividem-se em três grupos: Cultura Geral, Iniciação Técnica e Práticas Educativas. Entre estas últimas, uma recebe muito destaque: a educação social, moral e cívica, que procura fazer do aluno um elemento integrado nas relações com a família, a comunidade e o país. Nessa área, a técnica mais incentivada é a do governo estudantil.

O primeiro instalado — alguns dias na frente do de Batatais — foi o governo estudantil do ginásio de Americana. Através de eleições, os alunos elegeram governador, deputados, tal e qual um regime democrático adulto. O Legislativo faz as leis, o Executivo aplica, o Judiciário vigia os dois. Todas as secretarias de Estado funcionam. A da Fazenda mantém um banco do governo, inspetoria fiscal e coletoria. A da Agricultura, através de sua seção experimental, vendeu no ano passado mais de 100 mil cruzeiros de verduras e agora está criando coelhos. Sua maior realização, porém, é o posto meteorológico. Todo dia, às onze horas, a rádio de Americana anuncia: "Previsão do tempo, segundo dados fornecidos pelo Serviço de Meteorologia da Secretaria de Agricultura do governo estudantil de Americana".

A Secretaria de Educação, entre outras coisas, edita um jornal — o *Diário Oficial* do governo. E a Secretaria de Segurança mantém uma polícia própria (os escoteiros), muito solicitada quando há eleições ou excursões.

Atuando no governo estudantil, os alunos exercitam todas as artes da política, inclusive as jogadas e manobras eleitorais. Houve eleições em dezembro, para governador, vice-governador e deputados. Cláudio Rosa Gallo, da terceira série, magrinho e sabido, era um dos candidatos a governador. Dois dias antes das eleições, seus assessores fizeram um levantamento e verificaram que a situação de Gallo não era boa. Tinha menos de 40% dos votos. Era preciso fazer alguma coisa com urgência.

Gallo sabia que o governador em exercício não tinha muita simpatia pelo outro candidato, mas também não sabia se lhe daria apoio oficial. Pediu audiência, trancou-se numa sala com o governador e, no outro dia — véspera das eleições —, circulou por toda a escola um manifesto de apoio à candidatura de Gallo. Resultado: foi eleito com mais do dobro dos votos do adversário.

— Está certo — diz ele. — O maior poleiro é sempre para o Gallo.

As matérias de Cultura Geral — português, matemática, ciências, estudos sociais, inglês ou francês — são obrigatórias nos quatro anos. As matérias de Iniciação Técnica — artes industriais, artes plásticas, práticas comerciais, práticas agrícolas e educação doméstica — só são obrigatórias nas duas primeiras séries. Na terceira série, os alunos podem escolher duas dentre estas cinco últimas, e se desobrigar das outras. As Práticas Educativas — educação física, musical, social, moral e cívica, religiosa, familiar, artística — seguem durante os quatro anos.

No fim do curso, o aluno recebe um laudo vocacional que lhe indica as profissões para as quais tem aptidão. O laudo se baseia em três pilares: 1 — a folha de observação do aluno, onde são anotados, de dois em dois meses, todos os dados de sua vida escolar; 2 — os testes psicológicos feitos a partir da primeira série, com provas de inteligência, aptidão e interesse e 3 — os projetos realizados e as escolhas feitas na terceira e na quarta série. A folha de observação contém anotações de duas naturezas: a) análise psicológica do aluno; b) análise da escolaridade — resultado de baterias, apreciação do interesse e da aplicação do estudante em cada área.

Ao fim de cada ano, a promoção ou reprovação vai depender das anotações da folha de observação, que é analisada em conjunto por todos os professores. Levam-se em conta, também, fatores de ordem pessoal que possam ter influído no rendimento do aluno. João Alberto, por exemplo, foi promovido este ano, apesar de ter andado mal em algumas áreas. A orientadora explicou na reunião:

— Este menino é de família pobre e inculta. Seu pai acaba de abandonar a casa e o estado emocional de João Alberto é instável. Reprová-lo será, talvez, prejudicá-lo irracionalmente. Proponho que seja promovido, e que na segunda série seja bem acompanhado nas áreas em que está mais fraco.

Todos concordaram.

Nas duas últimas séries o ensino é decididamente orientado segundo as inclinações de cada um. E no fim do curso o jovem recebe o certificado de conclusão do ginásio com o laudo vocacional, que pode ser assim:

"É um talento para laboratório, tem muita sensibilidade para fenômenos científicos. Aproveitamento insuficiente em geometria e português. Deve ser encaminhado para um curso de Química."

OS PAIS PRECISAM COMPREENDER

É nesse momento que entra em ação a compreensão ou incompreensão dos pais:

— Eu queria que meu filho fosse o que não pude ser: médico. Agora o ginásio diz que devo matriculá-lo numa escola agrícola. Então meu menino não pode ser doutor?

No ginásio vocacional de São Paulo, onde os alunos são de classe média para alta, a compreensão dos pais é grande: 80% deles encaminham os filhos para os cursos indicados na ficha escolar. Em algumas cidades do interior, entretanto, a maioria dos pais resiste à orientação do ginásio. O caso do menino Luís Carlos é um exemplo.

Testes psicológicos, gráfico de aproveitamento e observações dos professores provam que ele tinha grande aptidão para matérias técnicas, práticas. Mas em tudo o que depende dele — projetos, entrevistas e escolhas — a conclusão era outra: queria ser advogado. Só na quarta série, poucos meses antes de acabar o ano escolar, Luís Carlos foi à orientadora:

— D. Glória, não aguento mais fingir. Vou estourar com meu pai.

E contou tudo. O pai queria um jurista na família e, conhecendo o sistema vocacional, orientava o menino para que desse certo seu encaminhamento para a Faculdade de Direito. A orientadora tranquilizou-o e prometeu conversar com seus pais. Hoje, Luís Carlos é um dos melhores alunos numa escola técnica de São Paulo.

Uma pesquisa feita sobre o primeiro ano de atividade dos ex-alunos revelou que os jovens encaminhados aos cursos indicados no laudo vocacional são alunos acima da média, interessados e estudiosos. Os que foram matriculados em cursos contraindicados pelo laudo são alunos abaixo da média ou, quando muito, regulares.

UMA CRISE POLÍTICA

À medida que os ginásios vocacionais vão-se tornando conhecidos, uma situação nova ocorre: os pais se consideram meio donos das escolas. Discutem programas, cotizam-se para consertar janelas ou comprar instrumentos e até fazem cursos. Benedito Luis Fonseca, que tem filhas no vocacional, afirma:

— Ser pai de um aluno nesse ginásio dá mais trabalho que estudar nele.

O arquiteto Pedro Torrano, da Diretoria de Obras Públicas, fez o projeto do ginásio vocacional de Rio Claro em dois meses, trabalhando dia e noite.

— E isso — diz ele —, não é só porque tenho um filho no ginásio, não. É que também sou um apaixonado pelo sistema, e acredito nele.

Em meados do ano passado, um movimento de pais de alunos impediu que o Serviço de Ensino Vocacional fosse envolvido pela roda da política. O secretário da Educação quis matricular um protegido que não havia sido classificado no exame de seleção no ginásio de São Paulo, onde atualmente aparecem 1500 candidatos para 120 vagas. A direção da escola negou-se e foi destituída pelo secretário. A Associação de Pais e Amigos do Vocacional não aceitou a situação. Fez várias assembleias, sensibilizou todo o estado e conseguiu fazer o secretário voltar atrás. Durante o período de crise (quase um mês), os próprios alunos se encarregaram das atividades escolares. Os da quarta davam aulas para os da terceira série, estes para os da segunda, os da segunda para os calouros.

As classes funcionam o dia todo, das oito às dezessete horas. Professores e alunos almoçam e tomam lanche no próprio ginásio. Os professores pagam suas refeições. Os alunos que podem pagam o preço normal ou até um pouco mais, se a isso se dispõem. Os que não podem não pagam, e às vezes, gozando bolsas de estudos que o ginásio consegue com empresas comerciais e industriais, até levam dinheiro para casa.

O ano escolar começa mais cedo e termina mais tarde, mas as férias não são menores que as dos ginásios comuns, porque há uma semana de folga no primeiro semestre, e outra no segundo. As férias dos professores são menores. Eles aplicam três semanas delas para atualizar métodos, planejar aulas e analisar atividades. Durante as aulas, tiram um sábado por mês para acompanhar projetos. Uma vez por semana realizam junto com a direção e os orientadores o Conselho Pedagógico, em que se estabelece a integração das unidades escolares nas várias áreas e se organizam os locais para o estudo do meio.

PROFESSORES DE NÍVEL UNIVERSITÁRIO

O ensino é integrado, isto significa que, na semana em que o professor de matemática ensina razões e proporções, a área de artes industriais ensina escalas e medidas utilizadas nas construções; a de práticas comerciais ensina fórmulas químicas, e assim por diante.

Todos os professores têm nível universitário e, antes de lecionar no ginásio, fazem um curso de três meses para se adaptarem ao método.

— Entrar no vocacional é fácil — diz uma jovem professora de Barretos. — Mas só consegue ficar quem tem muito amor para dar.

D. Maria Nilde Mascelani é a coordenadora do Serviço de Ensino Vocacional e dirige a experiência desde o começo. A ideia nasceu da observação de duas classes experimentais que ela ajudou a criar no Instituto de Educação de Socorro, em 1959. Filha de pai brasileiro e mãe austríaca, trabalha dezoito horas por dia, mas tem sempre um sorriso juvenil no rosto. Sua mãe, d. Margarida, comenta: "Essa aí é que nem bicicleta; precisa estar sempre correndo para ficar de pé. Se tira férias, de uma semana que seja, aparece doença de todo lado".

D. Maria Nilde acha que São Paulo precisa resolver seus problemas de educação não só em quantidade de salas de aula, mas também em qualidade de ensino. Entende que renovação só é possível com o preparo de uma nova mentalidade do professor e uma modificação na estrutura do ensino. Em sua opinião, o ginásio vocacional fez estas duas coisas e procura preparar o estudante para uma situação ajustada à realidade de nossos tempos e de nosso país. A pedagogia moderna do vocacional busca eliminar as maiores falhas do ginásio comum, principalmente estas:

1 — Ensino acadêmico e palavroso, sem contato com a realidade; 2 — falta de unidade entre as matérias; 3 — sistema de promoção que ignora as diferenças individuais e coloca todos os adolescentes numa mesma bitola de capacidade; 4 — a distância entre a escola e a família; 5 — educação com objetivo puramente

intelectual, quando é necessário haver uma educação mais ampla, que envolva educação moral e cívica, religiosa, estética, física e de iniciação profissional.

E os resultados, segundo d. Nilde, são animadores:

— O ginásio vocacional não profissionaliza seus alunos, mas formados terão maiores oportunidades de conseguir emprego, trabalharão naquilo de que gostam e serão ótimos profissionais.

D. Maria Nilde tem grande esperança no novo governo de São Paulo: "Um governo renovador", diz ela. Confia em grandes perspectivas para o ensino vocacional, principalmente abertura de novos ginásios em cidades que já os solicitaram e instalação do 2º ciclo (algo mais que o Clássico e o Científico). Tudo vai depender do julgamento que os assessores de Educação do novo governador fizerem dos primeiros cinco anos de funcionamento. Uma das restrições é a de que o ensino vocacional fica mais caro para o Estado que o sistema secundário comum. D. Nilde raciocina:

— Talvez fique. O vocacional funciona o dia todo e mantém oficinas, ateliês, plantações, laboratórios e viagens. O que, naturalmente, custa dinheiro. Mas o importante é que, nos colégios vocacionais, nossos filhos recebem uma educação que realmente os prepara para a vida e os torna mais úteis ao país. E isso não tem preço...

Eu fui um simples operário[*]

O repórter Hamilton Ribeiro arrancou do guarda-roupa sua calça mais velha, conseguiu um paletó surrado, juntou alguns outros objetos de uso pessoal e se despediu da família. Durante três semanas, ele ia trocar seu apartamento no centro de São Paulo por uma pensão humilde num bairro afastado. Ia trocar de vida. Ia se transformar num operário, viver a experiência do jovem que trabalha em nossas fábricas. Hamilton Ribeiro conseguiu um emprego de bombeiro, cargo que está ao nível de faxineiro ou vigia, isto é, não exige especialização. Ganhou um macacão e passou a levantar de madrugada, para bater o ponto às sete horas e ficar dentro de uma fábrica até as 17h30, cuidando de extintores e convivendo com centenas de operários. Mas antes de poder sentir como se comporta nosso jovem, como se diverte, o que pensa do mundo, da vida, Hamilton Ribeiro viveu outra experiência: a de procurar emprego. Era necessário encontrar uma empresa que não fosse nem muito grande, nem muito pequena. E o repórter acabou descobrindo, então,

[*] Publicado originalmente em *Realidade*, n. 18, setembro de 1967.

para começar, que é muito pequeno o número de empresas que estão admitindo novos empregados; e que é muito difícil um jovem sem especialização encontrar serviço.

Seu Dilermando, chefe da seção em que vou trabalhar, reúne o pessoal:

— O Hamilton vai ser o nosso bombeiro. Ficará responsável pela manutenção dos extintores e das faixas de incêndio. Peço que vocês ajudem, se ele precisar de alguma coisa.

Recebo um armário com chave, um macacão, uma bota de borracha, um espanador, tinta e pincel. A primeira tarefa é conhecer a fábrica, localizar os extintores e ver se estão em ordem. Depois, repintar as faixas existentes na parede e no chão, marcando os espaços que devem ficar desocupados, para que esteja sempre livre o acesso aos extintores. Noto que eles estão sujos, empoeirados e salpicados de branco, pois o prédio da fábrica foi caiado há pouco tempo. As faixas vermelhas, apagadas, mal aparecem. Há muita coisa a fazer, portanto. Escolho, para começar, a ala dos equipamentos pesados, a maior e mais populosa da fábrica.

Como sou bombeiro, posso circular à vontade e conhecer gente de todas as seções. Levo o trabalho a sério, porém, e evito olhar muito para o pessoal, pelo menos no princípio, achando que é mais importante eles se acostumarem comigo do que eu com eles. Minha primeira manhã passa logo e, quase na hora do almoço, sinto que tudo correu bem. Estou limpando um extintor colocado bem no alto de uma coluna quando alguém me toca nas costas. É um velho simpático, de boné, bigodes imensos:

— Faltam só cinco minutos para o almoço. O senhor já pode guardar as ferramentas e ir lavar as mãos que já já toca o sinal.

Na fila do refeitório, entro junto com ele. É o meu primeiro conhecido, mas, como percebo que já tem quase sessenta anos, só quero saber dele se há uma pensão de rapazes por perto, onde eu também possa morar. Todos o chamam de seu Pedro Lituano. Sentamo-nos lado a lado no refeitório:

— Sabe que já lhe puseram apelido? "Espanador de Estrelas"... A turma gosta muito de brincar.

Seu Pedro diz que estou certo por querer morar numa pensão perto da fábrica. Ganharei alguns minutos de sono toda manhã e não terei despesas de condução. Ele me conta:

— Moro em Santo André e, para chegar aqui às sete horas, levanto-me às quatro. Preciso tomar três conduções. Um ônibus de casa até a estação de trem, o subúrbio de Santo André até a Lapa, e depois tomo outro ônibus, até aqui. Gasto nisso um conto e duzentos por dia.

Pedro Lituano trabalha há 29 anos e agora está esperando a hora de se aposentar daqui a seis anos:

— Sair de casa às quatro, voltar às nove da noite caindo de cansado, para ganhar duzentos contos, não é mesmo um grande negócio, o senhor não acha?

Quanto à pensão, seu Pedro dá uma pista boa: Nemias, um rapaz da seção de banhos químicos das peças de motor, mora numa delas e pode me dar informações certas. Assim que acabamos de almoçar, ele mesmo me acompanha até o Nemias. A resposta do rapaz me anima:

— Tem uma vaga justamente no meu quarto, se o senhor quiser. É pensão de pobre, mas é limpa. Somos em sete num cômodo. Todos trabalham, ninguém bebe nem faz farra.

Com 25 anos, simpático e otimista, Nemias fica logo íntimo. Veio do interior de São Paulo. Aprendeu seu ofício numa fábrica, e depois montou oficina própria, com um sócio. A firma não aguentou a crise, ele voltou a ser operário, mas espera ser patrão outra vez, quando a situação do país melhorar. Procura render o mais que pode, para ganhar a confiança dos chefes, pois vê neles seus futuros fregueses.

Diz que d. Teresa, a mulher da pensão, é muito boa, mas cobra adiantado: 20 mil a cama e 30 mil a janta. Desculpa-se por não poder acompanhar-me até à pensão, pois só vai sair às 20h30 da noite: está fazendo horas extras. Mas o João Português, que também mora lá, pode ir comigo. Leva-me até a seção de enrolamento de motores e eu combino com o João Português para sairmos juntos.

NINGUÉM LÊ JORNAL

João Matias, 23 anos, é português, mas não conhece Portugal. Nasceu na Ilha dos Açores e veio para o Brasil há dois anos. Fez lá até o quinto ano primário e agora estuda à noite, mecânica e inglês. Dos sete operários que vão ser meus companheiros de quarto, é o único que estuda. Tem um sonho:

— Vou para a Inglaterra no fim do ano.

Noto seu Pedro, após me apresentar a Nemias, conversando numa roda de mais de dez pessoas, até que toca o sinal marcando o fim da hora do almoço. Só ele falava. No outro dia eu iria saber a razão. Na sua ala, onde trabalham mais de 120 pessoas, ele é o único que lê jornal diariamente. Quando há algum acontecimento extraordinário, o pessoal o rodeia, para saber sua opinião. Nesse dia, o assunto era a morte do ex-presidente Castelo Branco e seu Pedro estava mais falador que nunca: ele entende bastante de aeronáutica, e até já trabalhou numa fábrica de aviões.

Com o passar dos dias, eu iria verificar que realmente a coisa mais difícil era ver um jornal na fábrica. Só após algum grande jogo é que apareciam jornais esportivos.

— Operário só compra jornal quando está procurando emprego — diz Nemias.

Após o almoço ainda há mais uma folga, antes de terminar o dia: é às 14h30, quando passa um cafezinho por toda a fábrica. Os bules são colocados sobre algumas mesas, de espaço em espaço. O pessoal deixa o trabalho e se reúne em volta delas para se servir e conversar rapidamente. Como é quarta-feira, dia de Loteria Federal, ouço um deles comentar:

— Vocês viram? Deu cobra no segundo prêmio. É a primeira vez, este ano, que eu ganho alguma coisinha.

A pausa do café é de dois a quatro minutos, e logo o trabalho recomeça. Volto à minha tarefa, mas, por falta de hábito de levantar cedo, já estou bem cansado. Além disso, tirar os extintores dos pinos de sustentação, colocá-los no chão, espaná-los, limpar a faixa vermelha e recolocá-los no lugar é uma ginástica sueca a que não estou acostumado. Dou uma espiada geral e vejo que todo mundo trabalha normalmente, com a mesma disposição de antes do almoço. Isso me reanima um pouco e recomeço o serviço, com novas esperanças, mas o tempo não passa de jeito nenhum. São quatro horas, estou cada vez mais pregado. Então me ocorre uma saída: ir ao banheiro, sentar-me, e ficar lá uma meia hora, descansando. Não esperava pela decepção: as bacias não têm assento; são as chamadas privadas turcas, dessas em que a gente tem de se equilibrar de cócoras, bem ruins para quem quer matar tempo. Lavo o rosto, pelo menos, e na saída do banheiro o Nemias me espera:

— Sabe o que estão dizendo? Que você é investigador da firma, e que essa história de espanador e um paninho não engana mais. Tem uns caras dizendo que vão te acertar.

Ensaio uma resposta violenta, mas, no meio, invento que sou do interior, passei vários anos esperando um emprego público, e tinha-me decidido, agora, a enfrentar a dureza.

Nemias se dispõe a ser meu advogado perante os companheiros e eu lhe pergunto o nome dos colegas que querem me "acertar", para que eu possa me explicar com eles.

— Isso não faço, colega. Não costumo entregar ninguém.

Nemias volta para a sua seção e eu fico só, no imenso salão. Todos trabalham normalmente mas parece que estão me medindo, da cabeça aos pés. Seu Pedro Lituano ajeita uma chapa de aço no torno elétrico, dá com os olhos em mim e não sorri, como fez de outras vezes. Sinto-me isolado e, por um momento, penso no estranho poder que a massa tem. Se eles quisessem de fato me "acertar", seria coisa bem fácil. E não haveria defesa possível.

Percebo, então, que apesar do cansaço não estou realmente fazendo nada. Resolvo partir para algo mais pesado: pintar no chão e nas paredes as faixas de incêndio e, em todas as colunas, criar novas faixas e setas de sinalização. Vou procurar tinta, pincel, barbante e régua, mas nem chego a começar: soa o sinal de saída. Acabo de aprender que, na fábrica, a única coisa que faz o tempo passar é o trabalho.

AS LEIS DA PENSÃO

João Português me espera na saída, conforme o combinado. Quem o vê agora, de japona azul e sapatos lustrando, não imagina que minutos antes era o operário de macacão sujo, que montava um motor de locomotiva. Ele leva tudo a sério e pensa muito antes de falar. Quer saber quanto eu ganho.

— Quatrocentos e cinquenta por hora, como todos da seção. Vai dar uns 105 por mês.

Ele me recomenda cuidado ao usar o dinheiro, para não acontecer como acontece a muitos: uma cervejada num dia, depois duas semanas de bolsos vazios. Diz que seu salário — 120 cruzeiros novos[1] — tem destino sempre certo: pensão (quarto e

---

1. Aproximadamente 436 reais em 2024.

janta), cinquenta cruzeiros novos; almoço na fábrica, quinze; escola, oito; cigarros (um maço cada dois dias), 7,50; ônibus para a escola, oito; um lanche, de manhã, seis; farmácia, sabonete, pasta, desodorante, lâminas, graxa de sapato, cinco; um corte de cabelo, um.

Isso dá um pouco mais de cem cruzeiros. Sobram uns vinte para o resto: um passeio na cidade no fim de semana, um cinema, um chopinho lá de vez em quando, uma ou outra peça de roupa que precisa ir para o tintureiro (ele mesmo lava as camisas, cuecas, meias e calças comuns) e, quando a coisa aperta, comprar uma roupa ou um sapato.

João Português diz que podia conseguir, como os outros, mais uns 50 ou 60 mil cruzeiros por mês fazendo hora extra, mas aí teria de sair da escola e isso ele não quer.

Chegando à pensão, ele chama d. Teresa e nós três vamos ver o quarto. É uma garagem de carro, nos fundos, com um guarda-roupa quebrado de cada lado e quatro beliches. A porta é de aço, dessas de correr, não há janela nem forro. Não são ainda sete horas, mas numa das camas já dorme um rapaz, enrolado no cobertor.

— É o padeiro. Ele começa a trabalhar à meia-noite — explica d. Teresa. Ela procura ser protetora e simpática:

— Tem uma coisa, seu Hamilton, o senhor não pode receber ninguém aqui. Se alguma pessoa vier procurá-lo, o senhor atende lá fora. A gente faz assim para o bem de todos, para que um não incomode o descanso dos outros.

Aceito as condições — inclusive o pagamento adiantado — e saio para "apanhar a mala", que disse ter deixado na casa de um parente. Quando chego de volta, às 21h30, cinco camas já estão ocupadas. O padeiro continua dormindo, apesar da conversa e do radinho a pilha ligado num jogo do Corinthians. João Português, o dono do rádio, ocupa uma cama do alto. Embaixo está o Nemias. Ao lado do Português, também no alto, está um rapaz lendo gibi — Zé Carlos — o mais alegre e mais ruidoso de todos. Atrás deles, no próximo beliche, eu durmo em cima, e Reginaldo, um pernambucano de vinte anos, embaixo. Os ocupantes do outro beliche — Paulinho e Lourenço — ainda não chegaram.

No radinho, o locutor anuncia que o Corinthians ganha por um a zero. O Português, então, fala para todos ouvirem:

— Vocês sabem que eu não gosto de futebol. O rádio só está ligado por causa de vocês. Mas tem um negócio: vocês vão me ajudar a comprar outras pilhas. Certo?

Todos discutem a proposta e Reginaldo, em cuja fábrica há uma cooperativa, fica encarregado de ver em quanto fica a despesa. Zé Carlos diz que mais de cinquenta cruzeiros ele não dá; Nemias afirma que, por ele, o rádio nunca seria ligado.

Há muito que estou na cama mas não consigo me acomodar por causa do frio. Cada um só tem direito a um lençol e um cobertor desses marronzinhos, que a turma chama de "tomara que amanheça". A porta de correr enguiçou e fica aberta a uns quarenta centímetros do chão, deixando um buraco por onde entra constantemente uma corrente de ar frio. Nemias resolve ir ao banheiro, ergue a porta e um vento frio invade o quarto. Visto, sobre o pijama, uma calça e uma camisa, ponho meias, uso a toalha de banho como colcha, e volto para a cama. Melhora um pouco. Aí Nemias volta do banheiro, abre outra vez a porta, e nova onda gelada entra no quarto. O jogo continua. Quando acontece o segundo gol do Corinthians, Zé Carlos comemora aos gritos. O padeiro acorda, Nemias me apresenta a ele. Fala muito, mas de uma coisa só: as suas conquistas.

— Vocês sabem aquela menina da esquina? Está com onda de namoro pra cima de mim, mas eu dobro ela, vocês vão ver. Vê se eu estou em idade de namorar!

O padeiro resolve ir ao tanque lavar o rosto e outra vez a porta range, fazendo entrar mais frio. Daí cinco minutos, lá vem ele de volta: mais barulho e mais vento frio. Enquanto ele ajeita o cabelo no espelho, todos o agradam para ficar com seu cobertor. Reginaldo ganha a parada e o padeiro promete que no outro dia emprestará ao Zé Carlos. Este agradece, satisfeito. O padeiro finalmente vai embora, novamente a porta dá o ar de sua desgraça, mas logo o Português desliga o rádio, apaga a luz, o silêncio desce sobre o quarto de uma vez. Estou quase dormindo, em paz, quando ouço um barulhão: é a porta mais uma vez, agora aberta violentamente até em cima, com seu rangido e sua lufada de frio. São os dois retardatários, chegando de um ofício protestante. Um deles, Lourenço, é crente, e de vez em quando leva à igreja um dos companheiros de quarto, para ver se o converte. Quando acendem a luz, Zé Carlos reclama aos berros e Lourenço responde brincando, com voz de pregador:

— Desculpem, irmãos. Deus há de abençoá-los. Durmam bem.

Eu dormi.

SEGUNDO DIA, MAIS TRABALHO

O radinho do Português é o nosso despertador também. Ele deixa o aparelho regulado para jogar ao ar, às 6h15, um programa de música caipira, em que o locutor grita a hora certa de minuto em minuto: "Atenção, hora certa, certinha, presente do Conhaque Palhinha — são seis horas e dezessete minutos". Só o Zé Carlos não se levanta — ele pega às oito. Como há apenas uma torneira no tanque, estabeleceu-se uma escala para lavar o rosto. Por ser o mais novo na casa, sou escalado para pular da cama primeiro. Apronto-me rapidamente e digo que vou esperar o Português e

Nemias no bar em frente. Está escuro ainda. Tomo a minha média com pão e manteiga e logo eles aparecem, com um aviso:

— Nós não gostamos deste bar. Além do pão ser pequeno, o homem põe mais café do que leite na média.

Mais perto da fábrica há outro bar onde eles param. Nemias toma uma média. O Português compra um pão com sardinha e o leva embrulhado, explicando:

— Às nove horas passa o café na fábrica, e então eu como este lanche.

Um pouquinho antes das sete nós batemos o cartão, e aí nos separamos — vai cada um para o seu setor. O Departamento do Pessoal ainda não me entregou os vales de almoço e, para comer no primeiro dia, tinha pedido um vale emprestado ao Jarbinhas, rapaz de vinte anos, que trabalha na funilaria. Ele vem agora ao meu encontro:

— Olha, colega, eu estou duro e preciso de um dinheiro para comprar remédio pro garoto. Você não quer comprar dez vales de almoço? Eu faço por cinco contos.

Aceito o negócio, mas lhe pago o preço real: 6500 cruzeiros. Cada vale custa 650 cruzeiros, descontados no pagamento. Uma vez que ninguém recebe vales em dobro, pergunto como é que ele vai comer nos próximos dez dias.

— Trazendo marmita, como fazem outros.

Hoje estou disposto a trabalhar mais, para desfazer aquela onda de "investigador da firma". E mando tinta, faixa atrás de faixa, coluna atrás de coluna. Na hora do almoço, dou jeito de sentar-me outra vez ao lado de seu Pedro Lituano e ele conversa bastante comigo. A simpatia de hoje compensa o sorriso que me negou ontem. O Alemão da seção de pintura me localiza na mesa e faz um gesto de amizade. Ele me vira em dificuldades hoje cedo para acertar os cantos das faixas com o pincel e me ensinara como se fazia.

A SOCIEDADE ANÔNIMA

Volto depois do almoço a pintar faixas, avisos de "Não use este espaço" e, às 16h30, começa outra vez a perseguição do relógio. Faço hora à vontade, mas o ponteiro não sai do lugar. Resolvo então andar um pouco, para examinar a situação dos extintores na ferramentaria. Vou depois ao depósito e lá encontro o Antoninho, um mulato vivo e espirituoso. Ele me mostra num canto uma pilha de tábuas largas, novas, que, segundo me diz, vão ser queimadas como lixo. Conta que tem um terreno mas nunca pôde construir sua casinha, por falta de dinheiro. Tem mulher e três filhos, ganha salário mínimo e paga 40 mil de aluguel.

— Quando vi essas *taubas*, imaginei elas armadinhas, com janela e tudo, no meu terreno. E então eu ia ter minha casa.

Antoninho namorou as tábuas muito tempo, mas não achava jeito de pedi-las ao chefe. Sentia que o homem ia negá-las.

— Aí veio uma chance. Teve uma reunião de aumento de produtividade e o diretor disse que nossa firma é sociedade *anônima*, quer dizer, não tem um só dono. Tem muitos, e os empregados também são um pouco donos: quanto mais produção a firma der, mais nós ganhamos e participamos da riqueza geral.

Antoninho entendeu a seu modo a explicação da sociedade anônima e se armou de coragem para pedir as tábuas ao chefe. Mas o homem negou mesmo. Argumentou que a firma não podia dar uma coisa a um, porque aí tinha de dar a todos e virava a maior confusão. Antoninho não entendeu a desculpa até hoje, e me diz desconsolado:

— Bem que ele podia dar. Se o negócio de sociedade *anônima* é verdade mesmo, por que não posso levar a minha parte em *taubas* para fazer um barraco?

São 17h30, preparo-me para ir embora. O João Português vem me avisar que hoje não vai sair às 17h36. Seus dois cursos entraram em férias e ele vai fazer hora extra até às 20h36. Uma boa parte do pessoal faz esse horário, não só para receber mais no fim do mês, como também para jantar mais barato na fábrica. Vou sozinho para a pensão e já encontro lá o Zé Carlos. Dezenove anos, alto e simpático, ele está a toda hora discutindo, chamando os outros de "trouxa" e "otário", mas quando alguém se zanga, ele gasta meia hora pedindo desculpa e jurando amizade. Tem vergonha do lugar onde mora e diz que só irá à sua cidade, no interior, quando tiver um terno novo e dinheiro no bolso. Fica bravo quando o Nemias, de brincadeira, diz que somos todos "piãozada".

— Eu não sou pião. Sou es-cri-tu-rá-rio, tá bom?

Zé Carlos trabalhava na prensa, serviço pesado, mas um dia houve jogo de solteiros e casados e ele, que já foi profissional, fez um sucesso no gol. Convidaram-no para jogar no time da fábrica e, de prêmio, arranjaram para ele trabalhar no escritório. É por isso que ele entra às oito. Espera fazer carreira na fábrica e até diz que já ouviu alguém falar que ele tem jeito para chefe. Mas ainda falta muito:

— Toda hora estão dizendo que a minha letra é ruim e que quando eu faço números ninguém sabe se é um ou sete, se é três ou oito.

Conta muitas vantagens com mulheres, diz que já ganhou todas as meninas da fábrica, mas também confessa que seu grande sonho é chegar um dia numa casinha bem limpa e dizer à namorada que ficou no interior:

— Querida, este é o nosso lar.

Chega Paulinho, e Zé Carlos interrompe as confidências. Paulinho também é do interior, está em São Paulo há cinco anos. Veio com dezesseis, mas, para poder trabalhar, aumentou a idade em dois anos. Hoje, oficialmente, tem 23, mas uma certa tristeza no olhar dá-lhe aparência até de mais.

Paulinho compõe músicas — já tem mais de trinta, entre boleros e iê-iê-iê e espera um dia trabalhar na televisão. Escolheu um nome artístico Póli Méier — e, com ele, já tentou várias vezes inscrever-se no programa de calouros do Chacrinha. Não perde um, "para ir conhecendo as *mancadas* do programa e não ficar muito nervoso na hora". Pergunto se ele já ganhou alguma coisa na televisão.

— Ganhei um saco de cebolas na *Hora da Buzina*. E vendi para a d. Teresa, por 5 mil.

Por influência de Paulinho, ir aos programas de auditório é a grande distração do pessoal. Já estão todos acertados para ir à *Hora da Buzina* no próximo sábado e eu combino de ir também. Só se gasta a passagem do ônibus; a entrada é de graça. Zé Carlos diz que o programa começa às 20h, mas temos de estar lá às 18h30, na fila, se não a gente acaba sentando muito atrás e nem tem chance de ganhar os prêmios que são jogados para o auditório.

Vamos jantar e mais uma vez saboreamos o prato feito de d. Teresa; quanto à quantidade, ninguém há de reclamar. Voltamos ao quarto e lá estão o Português, Nemias, Reginaldo e Lourenço. Forma-se um bate-papo animado, e vou colocando algumas questões. Ninguém sabe me dizer quem é Hélio Fernandes, e o que fez para estar há vários dias no cabeçalho dos jornais. O assunto passa para mulher e casamento, e todos reagem quando eu pergunto se alguém se casaria com uma mulher que não fosse virgem: nenhum deles aceita a ideia. Cada um espera ter um certo número de filhos, mas nenhum acha justo usar qualquer recurso para evitar a gravidez. Nemias explica:

— Deus dá os filhos conforme o cobertor. A gente não pode fazer nada para impedir que eles nasçam. Não há casais que gostariam de ter ao menos uma criança e Deus não lhes dá nenhuma?

Todos concordam. Nemias já foi pregador do Exército da Salvação, mas hoje, por gostar de um cigarrinho e de um aperitivo nos domingos, anda afastado da igreja. Guarda a mesma fé, no entanto.

O trabalho de sexta-feira, na fábrica, corre sem incidentes. Vou pintando as minhas faixas com calma, para não agravar o calo que o pincel fez no meu dedo e também para o serviço render até a outra semana. Fico torcendo para o tempo passar logo, pois combinei sair à noite com o Lourenço e o Reginaldo. Eles não vão trabalhar amanhã e assim podemos fazer um programa tranquilo. Quando chego à pensão, já encontro o Lourenço pronto.

— Hoje é o dia mais infeliz da minha vida. Completo 22 anos, estou sem um tostão no bolso e não tenho, aqui em São Paulo, nenhum parente.

Brinco com ele, ofereço 5 mil emprestados e digo que vamos tomar uma cervejada para comemorar.

— Eu não bebo, a religião não permite.

Forço a conversa para vários lados e ele começa a sair da angústia. Conta que está passando uns dias amargos na fábrica. Tem quatro anos de casa e percebe que estão querendo mandá-lo embora, sem pagar direitos. Já lhe arranjaram uma suspensão e estão ameaçando outra. Aconselhado por amigos, entrou para o sindicato, mas agora está preocupado, porque ouviu dizer que o operário só tem direito a advogado de graça depois de seis meses de sindicalizado. Digo-lhe que isso é mentira, ele se reconforta, mas está com medo:

— Se me mandarem embora vai ser duro. Um rapaz lá da igreja me disse que só uma fábrica está admitindo gente e que aparecem lá mais de mil desempregados por dia.

AS MULHERES NO PORTÃO

Chega o Reginaldo e nós vamos jantar. Às 20h30 tomamos o ônibus para a cidade e Lourenço, agora bem falante, se oferece para ser o nosso guia.

— Faz seis meses que eu sou crente, mas ainda estou por dentro das melhores bocas da cidade. Vão por mim.

Reginaldo fez um vale na firma e diz que tem dinheiro para gastar à vontade. Descemos no largo do Arouche e começamos a percorrer a pé a chamada área do lixo de São Paulo. De tempos em tempos, Lourenço avisa:

— Dentro daquele portão garanto que está cheio de mulheres. Querem ver?

A gente passava em frente e via, de fato, as mulheres lá dentro, chamando e fazendo sinais. Reginaldo mostrou vontade de ir com uma delas; Lourenço se dispôs a ser intermediário. Conversava com as mulheres e voltava.

— Aqui é 9 mil, você topa?

Reginaldo achava muito e nós continuávamos em busca de outros portões de ferro. Num outro era seis, e Reginaldo ainda não quis. Lourenço achou um de cinco, ele se interessou.

— Olha aquela de azul. Se ela quiser 4 mil, eu vou.

Lourenço foi parlamentar e veio com a resposta afirmativa. Fomos então para um boteco em frente, porque Reginaldo queria tomar "meio copo de coragem", antes de afundar portão adentro. Ficamos ali esperando e Reginaldo apareceu logo depois. Estava contrariado, não tivera "coragem":

— Vocês não contam pra ninguém lá na pensão, tá?

Aceitou um pouco de guaraná — era a bebida de comemoração do aniversário de Lourenço — e depois seguimos para a esquina da av. Ipiranga com São João. Olhamos cartazes de cinema, comemos quibe com garapa, examinamos os luminosos e comentamos as mulheres bonitas.

— Acho que eu nunca vou ter uma mulher dessas — diz Reginaldo.

Fomos caminhando devagar para a praça Ramos, olhando vitrinas das grandes lojas, e às 23h30 tomamos o ônibus.

PROGRAMA DE FIM DE SEMANA

No sábado, Nemias, o Português e Paulinho vão trabalhar normalmente, até as quatro da tarde. Lourenço segue para a igreja e só volta à noite. Zé Carlos vai jogar futebol, o padeiro dorme e só Reginaldo e eu ficamos por ali, à toa. Ele então me pede para ir com ele à rua José Paulino comprar um blusão ou uma japona. Continua fazendo frio e ele está aborrecido de usar todo dia o mesmo paletó. Batemos a rua José Paulino quase inteira e não achamos nada no preço que ele quer — até 9 mil. Finalmente o moço de uma loja pergunta se a gente não quer examinar as peças defeituosas. Diz que, às vezes, uma peça de roupa sai da fábrica com um defeitinho de nada, que quase nem aparece, mas o bastante para fazer seu preço cair. Mostra diversos blusões ao Reginaldo e ele se interessa por um de plástico, preto e branco. O defeito é uma mancha branca na lapela, e o moço da loja diz que a falha pode ser escondida com o distintivo de um clube de futebol. Reginaldo compra-o por 8 mil e já sai vestido, todo orgulhoso. Mas a toda hora leva a mão à lapela, para tapar a mancha. Voltamos de trem para casa, de olho no relógio para não perder o almoço. À medida que os outros vão chegando, combinamos a hora de ir para o programa do Chacrinha. Só Nemias, que é noivo, não vai.

— Vou assistir pela televisão, todo gostoso, de mão dada com Helena.

D. Teresa concorda em deixar nosso prato no fogão para a gente jantar na volta. Começa a chover, mas ninguém desiste. Chegamos à estação de TV pouco depois das 18h30, mas a fila já é grande e, afinal, só arranjamos lugar com muita dificuldade, assim mesmo um longe do outro. Achei o programa deprimente, e no entanto a conversa toda na viagem de volta, assim como durante o jantar, é sobre a *Hora da Buzina*. Eles acham o Chacrinha muito engraçado. Paulinho conta que vai inscrever-se no programa da próxima semana. E Zé Carlos diz que assim que botar a dentadura de cima vai tentar também.

Domingo é o dia de dormir. Ninguém sai da cama antes das onze horas. Depois do almoço Nemias vai noivar, Lourenço segue para a sua Mocidade da Igreja do Brasil para Cristo, Paulinho e Zé Carlos vão a outro programa de auditório e Reginaldo me convida para ver um jogo de futebol do time de sua fábrica. Vamos ao campo e depois, seguimos para a Lapa, em busca de um cinema que passa dois filmes por seiscentos cruzeiros. Na volta, um suspense: será que tem janta?

Reginaldo diz que ouviu qualquer coisa sobre uma "panelada", mas não garante nada. Se não houver comida para nós, sugiro que a gente compre um sanduíche no bar, mas ele diz que prefere ir dormir sem comer mesmo. Chegamos à pensão às 22h30 e vamos direto ao fogão: tem janta. Uma deliciosa panelada, feita com o que sobrou de uma macarronada vermelha e quentinha. Reginaldo come uma porção muito grande e eu fico pensando como é que ele conseguiria dormir com aquela fome.

No quarto, todos já estão deitados. Zé Carlos quer companheiros para ir sábado que vem a um baile na Lapa. Paulinho e Reginaldo se candidatam, mas ele previne:

— É mil pratas na porta, tá bom? E sempre precisa mais mil para um conhaque ou um guaraná. Fora a condução.

Logo mais não se ouve coisa alguma. Nem o barulho de quando o padeiro abre a porta: hoje ele está de folga. Daqui a cinco horas o "despertador" do Português começa a tocar música caipira, e o locutor vai dizer: "Hora certa, certinha — são seis horas e dezessete minutos".

Então será segunda-feira.

Posfácio
Guerra sem jornalista é pior
Patrícia Campos Mello

Reza o clichê que jornalista não é notícia. Mas, quando um jornalista pisa em uma mina terrestre enquanto cobre a guerra no Vietnã e acaba na primeira página dos noticiários, o que ele faz?

Se o jornalista for José Hamilton Ribeiro, ele continua apurando suas matérias, de uma cama de hospital, sangrando. Sua resiliência e seu tino de repórter deram origem a esta preciosidade chamada *O gosto da guerra*, um livro obrigatório para todo jornalista e aprendiz do ofício, agora em versão revista e ampliada, editada por Matinas Suzuki Jr., coordenador desta coleção Jornalismo Literário.

No dia 20 de março de 1968, enquanto acompanhava soldados americanos em missão na Guerra do Vietnã, Zé Hamilton — como é conhecido — ouviu uma explosão. Olhou para o oficial cujo trabalho acompanhava e viu o rosto dele se transfigurar em horror. O jornalista brasileiro acabara de pisar em uma mina terrestre.

Zé Hamilton se lembra exatamente do que sentiu ao olhar para sua perna esquerda, transformada em tiras de pele ensanguentadas, que repuxavam em movimentos elétricos, descontrolados: "Um gosto ruim, como se tivesse engolido um punhado de terra, pólvora e sangue — hoje eu sei, era o gosto da guerra".

O repórter fora enviado pela lendária revista *Realidade* para cobrir a Guerra do Vietnã. Depois de dezenove dias, preparava-se para voltar à capital do Vietnã do Sul, Saigon (e de lá, de volta para São Paulo), quando seu parceiro de reportagem, o fotógrafo japonês Kei Shimamoto, pediu que ficassem mais um dia no front. "Shima" ainda não tinha uma foto impactante para a capa da revista.

Foi durante essa última patrulha com tropas americanas, na chamada Estrada sem Alegria, em Quang Tri, perto da divisa com o Vietnã do Norte, que o jornalista pisou no que ele chamava de "bomba de traição", uma mina camuflada sob a terra com os fios detonadores. Zé Hamilton encara sua tragédia como mais uma grande reportagem, usando sua típica combinação de bom humor e atenção aos detalhes, mesmo nos momentos mais difíceis: "Quando tinha acabado de me dar conta de que havia sido atingido pela mina, vi Shimamoto tomando distância para me fotografar, e tive raiva: o desgraçado disse que ia arranjar fotos dramáticas e arranjou mesmo", escreve na revista *Realidade*. Ou, ao acordar da cirurgia no hospital de campanha: "Este meu pé esquerdo sempre me deu problemas. Quando criança, tive nele uma tuberculose óssea. Não me fará muita falta. Pensando bem, tive sorte. No mesmo local em que fui e pisei a mina, pouco antes dois soldados morreram e um terceiro perdeu ambas as pernas e um braço".

Antes da Guerra do Golfo nos anos 1990, a Guerra do Vietnã foi o primeiro grande conflito internacional a ser televisionado. Todas as noites, cenas de batalha nos campos vietnamitas invadiam as salas de estar da classe média americana. Jornalistas de texto, como Zé Hamilton, e fotojornalistas conseguiam publicar em pouco tempo seus relatos e imagens da crueza do conflito — algo que em guerras anteriores levava meses para chegar até o público. Em 1968, ano em que o repórter brasileiro esteve lá, havia seiscentos jornalistas da imprensa internacional no front vietnamita. Mas, até aquele ano, a maior parte da mídia costumava poupar os espectadores e leitores dos aspectos mais sangrentos da guerra, e muitos americanos evitavam criticar diretamente as operações militares dos Estados Unidos. E então, no início daquele ano, veio a chamada Ofensiva do Tet, em que forças vietcongues lançaram ataques surpresa em dezenas de cidades do Vietnã do Sul — e mudaram a narrativa sobre o conflito.

O governo americano vinha pintando um cenário cor-de-rosa e otimista da guerra, convencendo a população de que seu país estava vencendo e que as batalhas logo chegariam ao fim. A cobertura da Ofensiva do Tet e de suas consequências foi mudando essa percepção. Em um acesso de franqueza, o general William Westmoreland, comandante das Forças Armadas dos Estados Unidos no Vietnã, afirmou que seriam necessários, além das tropas que já estavam no Sudeste Asiático, mais 200 mil soldados para vencer os vietcongues. O preço se tornava alto demais para um público que passou a ser confrontado com cenas de cadáveres de compatriotas envoltos em sacos plásticos e relatos da dificuldade das tropas americanas em fazer avanços.

O presidente dos Estados Unidos na época, Lyndon Johnson, creditava à imprensa o fato de a população de seu país ter se voltado contra a guerra. A viagem do respeitado âncora Water Cronkite ao campo de batalha foi a gota d'água — ou o "momento Cronkite", como ficou conhecido. No dia 27 de fevereiro de 1968, pouco menos de um mês antes de Zé Hamilton encarar a morte no Vietnã, a CBS News, uma das principais redes de TV americana, exibiu a reportagem de Cronkite sobre o conflito. "Está cada vez mais claro que a experiência sangrenta no Vietnã vai terminar em impasse", concluía, ao fim de sua reportagem. O presidente Lyndon Johnson teria dito: "Se eu perdi Cronkite, eu perdi a classe média americana".

Além de abrir os olhos do público para a situação real no terreno do conflito, bem menos animadora do que a retratada pelos generais americanos, a cobertura jornalística no Vietnã pode ter ajudado a evitar atrocidades ainda piores do que as que ocorreram. "Guerra sem jornalista por perto é pior, porque os jornalistas têm um efeito antibrutalidade nos conflitos", escreve Zé Hamilton. Na visão dele, a presença de repórteres na guerra inibe a violência e o abuso de força. "Fiquei vinte dias no front junto a uma companhia do Exército americano. Fardado como eles, comia junto, fumava em rodinha, dormia perto. Pois não vi nesses vinte dias e vinte noites nenhuma atitude desonrosa ou indigna de oficiais ou soldados." A poucos quilômetros de onde estava José Hamilton Ribeiro, uma companhia do Exército americano massacrou mais de quinhentas pessoas, muitos deles idosos e crianças, na aldeia de My Lai. Foi a maior chacina da história das Forças Armadas dos Estados Unidos. O massacre e a tentativa do governo de encobrir o horror só foram revelados um ano depois, em 1969, nas reportagens do jornalista investigativo Seymour Hersh, que lhe valeram o prêmio Pulitzer em 1970.

Em *O gosto da guerra*, além de relatar suas provações pessoais, Zé Hamilton também ajuda a descascar o verniz da propaganda de guerra do governo americano. Ele revela como as Forças Armadas negligenciavam a morte de civis vietnamitas: "Os mortos são todos rotulados de vietcongues. Não importa que entre eles haja uma velha de oitenta anos, um doente que estava preso à cama ou duas ou três crianças. É vietnamita, morreu de bala ou de bomba, está caracterizado: *vici*". Ou como um major lhe confidenciou: "Nós só temos um jeito de saber quando um vietnamita é realmente um vietcongue. É quando o vemos com armas de guerra, atirando contra nós. Fora dessa situação, que é bastante rara, não temos segurança nenhuma. Nada difere um camponês de um combatente".

Ao longo de mais de seis décadas de carreira, José Hamilton Ribeiro manteve esse olhar empático, mas também o espírito questionador para duvidar de versões oficiais — seja em matérias investigativas ou em reportagens para o *Globo Rural*. Ganhou sete vezes o prêmio Esso e recebeu um prêmio especial de imprensa da Organização das Nações Unidas (ONU), além do Maria Moors Cabot, da Universidade Columbia, em 2006.

Em todos os conflitos que cobri — no Afeganistão, Síria, Líbia, Iraque, Ucrânia —, sempre levei comigo a admiração pelo trabalho de Zé Hamilton, que reportava a humanidade por trás das guerras. Também guardei um conselho do meu pai, o fotojornalista Hélio Campos Mello, que junto com o repórter William Waack cobriu a Guerra do Golfo. Os dois foram sequestrados pelas forças de Saddam Hussein em 1991 e escreveram o livro *Mister, you Bagdad: Dois repórteres na Guerra do Golfo*. "Se você for corajosa demais" — disse meu pai —, "acaba morta; se for medrosa demais, não faz o trabalho direito."

Como noticiou a *Folha de S.Paulo* no dia 24 de março de 1968, apenas quatro dias após o acidente com a mina terrestre: "José Hamilton Ribeiro disse que, tão logo possa sentar-se na cama, escreverá sua reportagem". Até aquele momento, haviam morrido catorze correspondentes no conflito. Ao fim de quinze anos, mais de sessenta perderam a vida enquanto tentavam abrir os olhos do público para o que acontecia no campo de batalha.

Zé Hamilton encarou a morte bem de perto, e não desviou o olhar. Continuou a fazer jornalismo.

ESTA OBRA FOI COMPOSTA PELO ACQUA ESTÚDIO EM MINION E IMPRESSA
EM OFSETE PELA GRÁFICA PAYM SOBRE PAPEL PÓLEN NATURAL
DA SUZANO S.A. PARA A EDITORA SCHWARCZ EM MAIO DE 2024

A marca FSC® é a garantia de que a madeira utilizada na fabricação do papel deste livro provém de florestas que foram gerenciadas de maneira ambientalmente correta, socialmente justa e economicamente viável, além de outras fontes de origem controlada.